【中国人格读库】

国家新闻出版广电总局

培育和践行社会主义核心价值观主题出版重点出版物

黄遵宪传

高占祥 主编

伊茂凡 著

北京时代华文书局

图书在版编目（CIP）数据

黄遵宪传 / 伊茂凡著 . -- 北京：北京时代华文书局，2015.8（2022.3 重印）
（中国人格读库 / 高占祥主编）
ISBN 978-7-5699-0558-8

Ⅰ．①黄…　Ⅱ．①伊…　Ⅲ．①黄遵宪（1848～1905）一传记　Ⅳ．① K827=52

中国版本图书馆 CIP 数据核字（2015）第 225852 号

黄 遵 宪 传
Huang Zunxian Zhuan

主　　编 | 高占祥
著　　者 | 伊茂凡

出 版 人 | 陈　涛
责任编辑 | 邢　楠
装帧设计 | 程　慧　段文辉
责任印制 | 訾　敬

出版发行 | 北京时代华文书局 http://www.bjsdsj.com.cn
北京市东城区安定门外大街 138 号皇城国际大厦 A 座 8 楼
邮编：100011　电话：010-64267955　64267677
印　　刷 | 三河市嵩川印刷有限公司　0316-3650395
（如发现印装质量问题，请与印刷厂联系调换）
开　　本 | 787mm×1092mm　1/16　印　　张 | 9.75　字　　数 | 93 千字
版　　次 | 2016 年 1 月第 1 版　　印　　次 | 2022 年 3 月第 3 次印刷
书　　号 | ISBN 978-7-5699-0558-8
定　　价 | 38.00 元

社会主义核心价值观与中国人格

周殿富

社会主义制度在中国已经建立了六十余年，而我们党则在本世纪初叶提出了培育弘扬社会主义核心价值观的重大课题，显然是其来有自。

社会主义的道德风尚在新中国蔚然兴起，曾经那样地风靡于二十世纪中叶。邓小平同志曾经在改革开放中讲过，当年"这种风气不仅是中国历史上从来没有过的，而且受到了世界人民的赞誉"。然而可惜的是，这个在社会主义制度建立与实践中，同步兴起的社会主义道德风尚的成长道路，却是一波四折。半个多世纪以来，它先是与共和国一道遭受了十年"文革"的浩劫；接着便是全党工作重心转移到改革开放进程中，欧风美雨"里出外进"的浸洗濡染；再接着是西方"和平演变"在东欧得手的强烈震荡与冲击；最后又是市场经济中那两只"看不见的手"在搅动着、嬗变着人们的价值取向。至少在国民中出现了价值观上的多层次化，传统美德的弱化，社会道德文明水准的退化，光荣革命传统的淡化，这也许正是中央在本世纪初提出社会主义核心价值观的原因吧。

不管怎么"变"，怎么"化"，当我们回首来时路，却不能不说，中华民族真的很强大，很值得骄傲。人类经历了几千年的文明进程，堪称世界文化之源的"五大文明古国"，其他四大古国文明都已被历史淘汰灭亡，只有中国成了唯一的延续存在。近现代即使那般的积贫积弱，被西方列强豆剖瓜分、弱肉强食，想亡我中华都不可能，就连最强大的美帝国主义，最凶残的日本军国主义都成为我们的手下败将，而且打出了一个新中国，且跨过整整一个历史阶段，直接进入了社会主义。西方敌对势力几十年不遗余力地对新中国百般围剿，"冷战""热战""和平演变"手段用尽，连如此强大的前苏联乃至整个苏东阵营都被瓦解了，而社会主义的旗帜仍旧在960万平方公里的土地上高高飘扬，而且昂首挺胸地屹立在世界的东方，中国真的是太强大了。几十年来的瞩目成就，竟然令西方发出了"中国威胁论"。你管他别有用心也好，言过其实也好，总比让别人说我们是"瓷器"，是"东亚病夫"好吧？1840~1949年的一百零九年间，中国尽受别人的欺负、"威胁"了，我们也能让那些昔日列强有点"威胁感"，又有什么不好？更何况这是他们自己说的啊！我们并没吹嘘，也没有去做。几千年来我们侵略过谁呢？"反战""非攻""兼相爱，交相利"，中国古有墨子，近有周恩来、邓小平同志。这也是中华民族固有传统美德的延续吧！

生于忧患，死于安乐，这也当是中华民族的一个传统美德吧？几十年来尽管中国如此繁荣兴旺，但从邓小平生前一直到党的"十八大"以来，无论哪一届中央领导集体，从来都没有忘记过国之忧患。忧在何处，患在何处呢？

二十世纪八十年代末，邓小平同志曾经在半年的时间内四次提到：中国改革开放十年最大的失误在教育，在"对青年的政治思想教育抓得不够""对人民的教育不够"，足见他的痛心疾首。他晚年时又提到了"国格"与"人格"的问题，讲道："谈到人格，但不要忘记还有一个国格。特别是像我们这样第三世界的发展中国家，没有民族自尊心，不珍惜自己民族的独立，国家是立不起来的。"

（精装版《邓小平文选》第3卷331页。）

人们很少注意到邓小平的这一段话，但邓小平恰恰是在这里把"国格""人格"提升到了事关"立国"的高度。

那么，什么是我们社会主义的"国格"呢？邓小平讲得很明白："民族自尊心""民族的独立"。

新中国一路走来，我们最大的尊严便是完全靠"自力"，靠"艰苦奋斗"，而达"更生"之境。对西方敌对势力的"冷战""热战""和平演变"，我们何曾有过屈服？也正是在这一前提下，我们才有真正的"民族独立"。这就是我们的国格。那么什么是我们中国人的人格呢？邓小平同志在这里没有讲，但他在1978年4月22日召开的全国教育工作会议上的讲话中，在讲到我们的教育培养目标时，至少提到与社会主义人格相关的各个方面：革命的理想，共产主义的品德，勤奋学习，严守纪律，艰苦奋斗，努力上进，爱祖国，爱人民，爱劳动，爱科学，爱护公共财产，助人为乐，英勇对敌，集体主义精神，专心致志地为人民工作，等等。这里的哪一条不属于社会主义人格的范畴呢？

2006年党的十六届三中全会，第一次提出了"建设社会主义核心价值体系"的历史性命题和战略任务。2007

年，胡锦涛同志在"6·25"讲话中又具体提出这个"体系"包括四个方面的内容：①马克思主义的指导思想；②中国特色社会主义共同理想；③以爱国主义为核心的民族精神和以改革创新为核心的时代精神；④社会主义荣辱观。这四个方面，一是信仰，二是理想，三是精神，四是道德文明，哪一个不在社会主义人格的范畴之内呢？党的十七届六中全会又提到了社会主义核心价值体系是"兴国之魂"。

2012年11月，在党的"十八大"上又用"三个倡导"把社会主义核心价值观概括为十二项：①倡导富强、民主、文明、和谐；②倡导自由、平等、公正、法制；③倡导爱国、敬业、诚信、友善。而且中办文件又把这"三个倡导"分为三个层面：第一个"倡导"的四项，是国家层面的价值目标；第二个"倡导"的四项，是社会层面的价值取向；第三个"倡导"的四项，是公民个人层面的价值准则。实际上前两个"倡导"的八项都是属于"国格"范畴，而第三个"倡导"是属于"人格"范畴。

那么，我们怎样才能在前面讲到的那些历史嬗变中培育建构起这个"核心价值观"呢？中共中央政治局的第十三次集体学习，似乎很明确地回答了这个问题。

新华社北京2014年2月25日电讯称：中央政治局在2月24日，以弘扬社会主义核心价值观，弘扬中华传统美德为内容，进行了集体学习，习近平总书记在主持学习时强调：

　　培育和弘扬社会主义核心价值观必须立足中华优秀传统文化。牢固的核心价值观，都有其固有的根本。抛弃传统、丢掉根本，就等于割断了自己的精神命脉。博大精深的中国优秀传统文化是我们在世界文化激荡中落稳脚跟的根基。中华文化源远流长，积淀着中华民族最深层的精神追求，代表着中华民族独特的精神标识，为中华民族生生不息、发展壮大提供了丰厚滋养。中华传统美德是中华文化精髓，蕴含着丰富的思想道德资源。不忘本来才能开辟未来，善于继承才能更好创新。对历史文化特别是先人传承下来的价值理念和道德规范，要坚持古为今用、推陈出新，有鉴别地加以对待，有扬弃地予以继承，努力用中华民族创造的一切精神财富来以文化人，以文育人。

　　习近平总书记的这段论述相当精辟，对于如何培育建构社会主义核心价值观问题从四个方面剀切明白。

第一，他明确指出要在中华优秀传统文化的基础上，来构造我们的社会主义核心价值观，而不能割断历史。这一条十分重要，否则我们便会失去我们的本来面目，便会成为无源之水，也就无法走向未来。

第二，指出了中华传统美德是中华文化精髓，蕴含着丰富的思想道德资源。这就为我们揭示了社会主义核心价值观，要以弘扬优秀的中华传统美德为基础。

第三，他指出，对传统文化在扬弃中继承，在继承中创新。这就是说，社会主义核心价值观的内涵，既要有优良传统的文化精神，也要有时代精神，是二者的有机结合。

第四，他指出要用中华民族创造的一切精神财富，来化人育人。这就是说，弘扬中华民族文化，并不只是传承儒学那些道统，而是要弘扬全民族共创的优秀传统文化。同时也就是说，培育、弘扬社会主义核心价值观的根本目的是化民、育人。

尤其值得瞩目的是，习近平总书记在这次讲话中提到了一个"中华民族独特的精神标识"问题，而在同年的全国组织部长会议上又提出我们再也不能以GDP论英雄的思想。让人欣慰的是，思想道德文化建设终于被提升到一个民族的标识地位，这至少表明中国人的思想观念，并不落伍于世界潮流。

并不受人欢迎的亨廷顿生前给他的祖国提出的警示忠告，竟是如何弘扬他们没有多少历史和文化的"传统文化"："盎格鲁新教精神——美国梦"，以此为国家的"文化核心"问题。他讲道："在一个世界各国人民都以文化来界定自己的时代，一个没有文化核心而仅仅以政治信条来界定自己的社会，哪有立足之地？"所以，他提醒他无限忠于的祖国，一定要巩固发扬他们自入居北美以来，在新教精神基础上形成的"美国梦"理念的"文化核心"地位，这样才能消解这个国家的民族与文化双重多元化的危机。为此，他甚至预言美国弄不好会在本世纪中叶发生分裂。而且他公开预言不列颠大英帝国也会因民族与文化多元化的问题，导致在本世纪上半期发生分裂。

西方的一些专家学者们也十分强调国家民族文化的地位问题，柏克说："全世界的人根据文化上的界限来区分自己。"丹尼尔同样说："保守地说，真理的中心在于，对一个社会的成功起决定作用的是文化，而不是政治。开明地说，真理的中心在于，政治可以改变文化，使文化免于沉沦。"这些语言也可能有它们的局限性与某种非唯物性，但至少可以让我们看到那些发达的资本主义国家在想什么，至少与马克思主义经典作家们，关于意识形态并不总是消极被动地接受它的经济基础的论断并不相悖。

中国显然具有世界上最悠久的民族文化，同时显然也拥有世界上最强大的政治优势。新中国包括它直接进入社会主义的经济形态，以及其后的一次次经济变革，哪一次不是靠政治力量在强力推动呢？它当然同样拥有让我们几千年的民族文化"免于沉沦"的能力。有学人认为我们的民族文化早就被以往一次次的历史性灾难割裂了，这个看法显然都是毫无道理的。但我们当下却确实面临着"两个传统"失传失统的危险。中国的传统文化与优秀的民族美德，在当代国民中还有多少传承？老一代中国共产党人用生命与鲜血铸就的光荣革命传统，在党内还有多少"光大"？我们现在全民族的"核心文化"到底在何处？"社会主义核心价值观"的提出不仅符合世界潮流，也是使我们优秀的民族文化得以传承而不发生历史断裂的根本保证。富和强永远都不是一个民族的标志，哪个国家不可以富，不可以强？但能代表中国"这一个"本来面目，具有自己民族特色的，唯有中华民族的文化，能代表中国人形象的只有中国独具的道德人格。什么是人格？人格就是原始戏剧中不同角色的本来面目。

综上所述，我们是不是可以这样认为，社会主义核心价值观应内含如下的成分：中华民族传统文化中的优秀传统美德；中国人民近现代反帝反侵略反封建的爱国主义、斗争精神与中国共产党领导下形成的几十年光荣革命传统；中国化了的马克思主义有中国特色社会主义的共同理想；与"中国梦"远大目标相适应的时代精神。由这些内涵构成的社会主义核心价值观，用它来干什么呢？用习近平总书记的话来说就是"化人""育人"，把它再具体化一下，无非是打造能体现中华民族特色，代表中国形象的国格、人格。在思想道德层面上，一个国家的民族精神也只有在人的身上才能体现，所以我们依据社会主义核心价值观的基本要求，针对当代青少年的实际情况，策划了《中国人格读库》这样一套大型系列选题。

本套书承蒙全国少工委、中华文化促进会、团中央中国青年网三家共同主办推广，并积极提供书稿。难得高占祥老前辈热情出任该套书的编委主任，且高占祥同志不辞屈就加盟主创作者队伍。一些大学、中学教师与青年作者也积极加盟此套书的编写。该选题被国家新闻广电出版总局列为2014年全国社会主义核心价值观重点选题，在此一并鸣谢。

希望本套书的出版能为社会主义核心价值观的培育与弘扬，为促进青少年的道德人格养成起到积极的作用。欢迎广大读者与作家对不足之处批评教正，多提宝贵建议与指导意见。

谨以此代出版前言并序。

二〇一四年十月

于北京时代华文书局

引言

竟作人间不用身，尺书重展泪沾巾。

政坛法界俱沉寂，岂仅词场少一人。

奇才天遣此沉沦，湘水愁予咽旧声。

莫问伤心南学会，风吹雨打更何人？

——狄葆贤 挽

黄遵宪（1848.4.27—1905.3.28），字公度，别署"观日道人""东海公""人境庐主人""法时尚任斋主人""水苍雁红馆主人""布袋和南""公之它""拜鹃人"等，广东嘉应州人（今广东省梅州市），晚清著名外交家、政治家、教育家、诗人。黄遵宪是中国近代社会的先进人物，他的一生见证了近代中国社会的内忧外患，从太平天国运动、洋务运动、戊戌变法到义和团运动，这些对黄遵宪的人生际遇和思想变化都产生了重大影响。

他出任驻外使馆官员达十四五年之久。在长期的外交生涯中，黄遵宪不但能在自己职权范围内，尽量做一些有益于人民积极维护国家主权的工作，而且还非常注意考察资本主义国家的政治、经济、军事和文化教育制度等。他在留日期间所著的《日本杂事诗》《日本国志》，对近代中国人了解日本、了解日本的明治维新，有很大帮助。

在美国旧金山总领事任内，面对种族主义者掀起的排华浪潮，黄遵宪作为一个贫弱国家的外交官，敢于向种族主义者展开面对面的斗争，做了不少保护华侨利益的工作，深受华侨爱戴。

在英国使馆参赞任内，黄遵宪认真考察了英国的君主立宪政体，并且将它与美国的民主共和制作比较，因而选择了前者作为他以后从事政治活动的蓝本。通过对日本和欧美政体的考察，黄遵宪具备了较为成熟的资产阶级改良思想和政治才能，成为我国较早地向西方寻求救国救民真理的先进爱国人士之一。

黄遵宪所著的《日本国志》，是近代中国人研究日本的第一部综合性的巨著，它集中反映了他早期的变法观念和改革主张，形成了一套较为系统的变法理论，这些理论直接地影响了康有为、梁启超等人发动的戊戌变法运动。

1894年年底，黄遵宪结束了长期的外交生涯，由新加坡回国，积极投身变法维新的政治运动。他参加了上海强学会，与梁启超、汪康年一起创办《时务报》，成为戊戌变法时期资产阶级改良

黄遵宪

派鼓吹变法的喉舌。特别值得注意的是，他在1897年到湖南帮助巡抚陈宝箴推行变法，提出了一套"地方自治"的理论及种种改革措施。梁启超在谈及黄遵宪对湖南新政的贡献时说："湖南一切新政，皆赖其力。"（《戊戌政变记》）这一点，我们今天仍须着重提出来并加以肯定。

戊戌政变后，黄遵宪被革职放归原籍，被迫退出政治舞台。回到家乡"人境庐"中的黄遵宪，虽然远离政治旋涡的中心，在晚清那个风云激荡的社会转型的关键时期，却与当时思想界的焦点人物梁启超、严复等人频频信函往返，论政论学，借此集中阐释其政治思想、学术思想和文化观念，为20世纪初中国思想界留下了其独特的踪迹。在人生的晚年，黄遵宪怀着服务桑梓的热情，致力于教育改革，为发展家乡教育事业作出了重要贡献。

黄遵宪一生志在"变法"，志在"民权"，不屑以诗人自居，但造化弄人，命运无常，他最终没有能够实现其变法理想，却不意以诗鸣于时。他的两部煌煌诗作《日本杂事诗》和《人境庐诗草》，闪耀诗坛，广受赞誉。梁启超推他为"近世诗界三杰"之首，长期以来被尊为"诗界革命"的旗帜，在中国近代文学史上占有极其显赫的地位。

斯人已去，其遭际令后人唏嘘。黄遵宪在晚清乱世中坚守一个知识分子的责任与担当，在列强并起的世界中奋力维护国家和人民，显示出强烈的爱国热忱和高贵人格。在曲折漫长的中国历史中，先贤们为我们留下了无数的智慧火种，立于时代潮头的黄遵宪，必将在中国思想史上闪耀不灭的光辉！

目录

第一章　志学青春
——书在肩挑剑在囊，槐花空作一秋忙

书在肩挑剑在囊，槐花空作一秋忙。

明知难慰操蹄祝，敢谓从今韫椟藏。

早岁声华归隐晦，旁人得失议文章。

且图一棹归去来，闻道东篱菊已黄。

——黄遵宪《人境庐诗辑补·榜后》

　　19 世纪是中国历史发展的重要转折时期。世纪交替之际，随着"康雍乾盛世"的逐渐远去，大清帝国很快显露出"繁华"表象背后"衰世"实相。早在 1799 年（嘉庆四年），面对当时帝国的社会危机，有识之士洪亮吉就在《上成亲王书》中敦促帝国"咸与维新"。1815 年（嘉庆二十年）前后，以"但开风气不为诗"自许的龚自珍在《乙丙之际箸议》中疾呼实行"自改革"。这时，距第一次鸦片战争爆发尚有四分之一个世纪。

1840 年的鸦片战争，西方列强用坚船利炮轰开了长期闭关锁国的"天朝"大门，维持了近两千年的专制帝国开始发生根本性变化。传统封建社会的自然经济和社会结构在帝国主义的冲击下开始解体。中国不得不面临"数千年未有之变局"，面对"数千年未有之强敌"，客观上，与当时世纪历史发展的大趋势紧密地联系在一起了。1848 年的欧洲，资产阶级革命席卷欧洲大陆，1848 年 2 月 21 日，马克思、恩格斯在英国伦敦发表了《共产党宣言》，拉开了国际共产主义运动的序幕。此时的中国，开启走出中世纪、走向近代化的历史转折，社会矛盾丛生、风云激荡，转型的痛苦考验着古老的中华民族。

这一年，广东嘉应州的一个客家人家庭正在迎接一个小生命的诞生，这个小生命就是黄遵宪。在晚清中西碰撞、新旧嬗变的历史背景下，这个新生命将会在历史舞台上扮演什么样的角色呢？他将创造怎样的个人历史呢？

客家之子

嘉应州（今广东省梅州市）位于广东省东北部，地处五岭山脉以南，粤、赣、闽三省交界处，山川雄奇。那里气候温和，物产丰饶，历来是中原前往潮汕地区的重要通道。梅江是嘉应州的母亲河，自西北向东南蜿蜒而流。梅江两岸长满梅树，早春时节，气候渐暖，梅花竞相开放，花团锦簇，映照梅江，景色秀美迷人。梅州之名由此而来。

梅州是客家人最主要的集散中心和聚居地。客家的先民原是黄河流域的中原汉族，东晋以来，由于战乱、饥荒等原因，先后多次向南迁徙，由中原经浙江、江西、福建辗转进入岭南地区。嘉应州正处在这三地的交界处，山峰环绕、河谷纵横，气候湿润，适宜农耕，自然成为理想的避难之所，客家人多次南迁都乐居于此。凭借吃苦耐劳的精神，利用从中原故土带来的先进农耕技术，披荆斩棘、拓土开疆，使昔日的"蛮荒烟瘴之地"变成了"梅花十里"的富庶、宜居之所，同时，在与当地的越、瑶等土著民族的生存竞争中，逐渐反客为主，最终将其融合为汉族，使得这一地区成为著名的客家聚居之地。客家人在迁徙过程中将中原的先进文化传播到迁居地，宋明以来，嘉应地区文教发达，至清代更是人才辈出，"嘉道之间，文物最盛，几于人人能为诗。置之吴、越、齐、鲁之间，实无愧色"。（黄遵宪《〈梅水诗传〉序》）

嘉应黄氏属客家人，黄氏始祖曾赋有一首诗给后世子孙留作遗训：

骏马登程往异方，任从胜地立纲常。

年深外境犹吾境，日久他乡即故乡。

朝夕莫忘亲命语，晨昏须点祖宗香。

惟愿苍天垂庇佑，三七男儿永炽昌。

古代中国是以农耕文明为基础的家族宗法社会，社会安土重迁是根深蒂固的传统，客家人四处迁徙的历史更像一部种族的血泪史。然而上面这首诗让我们感受到的不是离乡背井的痛苦，而是客家人四海为家、随遇而安、积极进取的豪迈精神。这种宗族文化气质在黄遵宪后来的人生中有充分体现。

1848 年 4 月 27 日（道光二十八年三月二十四日），黄遵宪在嘉应州城东攀桂坊呱呱坠地 。这是一个"四世同堂"的大家庭，成员多达 70 余人。黄遵宪的高祖父黄润，字朴泉，以小贩起家，后经营典当，家财逐渐积累。曾祖父黄学诗，字词海，承继父业经商，曾参加科举考试，但没有取得功名。祖父黄际升，字允初，其为人"性和易，处事练达"，具有治世之才，在嘉应州颇有人望。

黄遵宪的父亲黄鸿藻，生于道光八年（1828 年），卒于光绪十七年（1891 年），字砚宾，号逸农，原配吴夫人，庶刘氏、吴氏。生有五子四女，黄遵宪是家中长子，吴夫人所出。黄遵宪出生时，父亲只是一个 20 岁的青年士子。1856 年（咸丰六年），黄鸿藻考中式[①]举人，以主事分户部贵州司行走（相当于今天的国家财政部驻贵州省财政专员）。1878 年（光绪四年），

---

① 中式：指科举考试中被录取。

黄遵宪故居，位于今广东省梅州市

由户部主事改知府（从四品，相当于今天地级市市长），分发广西。1884年（光绪十年），督办南宁、梧州厘务。这一年，适值中法战争爆发，爱国将领冯子材率清军于镇南关外大破法军，给法国侵略者以沉重的打击。清军之所以取得镇南关大捷，一个重要原因是军需保障充足、后勤供应及时，这主要得益于黄鸿藻从南宁、梧州两厘局筹划调拨，"而府君受事，循环动转，算无遗策，不苟不滥，卒无失时，人始知其综核才"。后来黄鸿藻升任思恩府（今广西武鸣）知府，在任内勤于政务，劝课农桑，促进当地的文化教育事业发展，"办农桑，修书院，教养兼施，政声卓著"。黄鸿藻一生官位不高，但抱负不凡，常自勉道"士大夫平日读书养气，当自任以天下为重。一旦值国家大计，在所必争，则批鳞犯颜，不顾祸福，稍一瞻望，便贻千古之讥。若区区一小政之得失，一庸臣之进退，连章入告，以市恩而沽名，即其心无他，亦不免自视过轻矣"。在多年的宦海生涯中，黄鸿藻也结识了一批官绅大夫，其中与邓承修、钟孟鸿、何如璋、龚易图等人尤为密切。这种官场人际关系对于黄遵宪日后从政道路的选择有着直接的影响。

黄遵宪的青少年时期，正值晚清帝国多事之秋，内忧外患相继而来。他出生前八年，即1840年（道光二十年），爆发了鸦片战争。西方列强用坚船利破轰开了清帝国的大门，这场战争最终以中英《南京条约》的签订而使中国历史的进程发生了根本性的转折。1856年，英法联军发动第二次鸦片战争，侵略军攻陷大沽口，并进犯北京，在大肆掠夺之后纵火焚毁了有"万园之园"之称的圆明园。外国侵略者的炮火虽未殃及粤东偏僻的嘉应州，但对黄遵宪后来的人生选择产生了深刻影响。正是由于清帝国与世隔绝的局面被打破，中外交往成为不可逆转的历史潮流，从而为黄遵宪日后从事外交工作提供了广阔的历史舞台。

1851年（咸丰元年），黄遵宪刚刚出生三年，爆发了太平天国农民起义。这场战争发源于两广，在客家人洪秀全、杨秀清等人的率领下，以摧枯拉朽的力量横扫长江流域及其以南的大半个帝国版图，满清王朝处在风雨飘摇之中。1856年，太平天国内部发生天京事变，翼王石达开率部离开天京，独立转战于江西、浙江、福建等地，1859年其部属石镇吉率领太平军进入粤东地区，并于当年4月攻陷嘉应州城。1864年，天京被攻破后，江南太平军余部在康王汪海洋、侍王李世贤等人的率领下，南下转战福建、江西、广东边界。1865年（同治四年）冬天，汪海洋引太平军从江西入广东，再次攻克嘉应州城。这年，黄遵宪正好18岁，11月，娶同乡叶氏为妻。然而由于兵荒马乱，黄遵宪还没来得及好好体验新婚生活的甜蜜与幸福，就被迫与家人避难大埔，接着又逃往潮州。逃难途中，年轻的黄遵宪和家人尝尽了人生离乱的凄苦。直到1866年（同治五年）2月，左宗棠率军击败汪海洋部，收复了嘉应州，历尽磨难的黄遵宪一家大小才回到自己的故乡。

太平天国的动乱在黄遵宪年轻的心灵上所留下的阴影是难以磨灭的。社会动荡不安、家人流离失所、家道骤然中落，都使得黄遵宪发出无限感慨，这期间写下的许多诗篇都流露出这种苍凉的心境。这种早年的生活经历和心理经历直接影响了黄遵宪一生的政治选择和人生方向。

诗友交游

黄遵宪从小就受到良好的文学启蒙，当他牙牙学语时，曾祖母李太夫人就教他诵念《千家诗》和当地流行的各种儿歌，其中最著名的一首是《月光光》："月光光，秀才娘，骑白马，过莲塘。莲塘背，种韭菜，韭菜花，结亲家。亲家门口一口塘，放个鲤鱼八尺长，长个拿来炒酒食，短个拿来娶姑娘。"明白晓畅的话语，优美动听的节奏和清新自然的意境，浸润着黄遵宪幼小的心灵，使他充分感受到了民间文学的独特魅力。黄遵宪之所以日后对诗歌情有独钟，且非常重视客家山歌，纵横于晚清诗坛，最终成为成就卓著的一代诗人，应该说与其幼年时所受到的文学熏陶和启蒙不无关系。

黄遵宪生长在一个官宦之家，从小被家族寄予厚望，很早就开始接受严格的私塾教育，4岁入学，日课《三字经》《百家姓》，10岁开始练习写诗。黄遵宪的启蒙塾师为李学源（字伯陶），开课之日以梅州神童蔡蒙吉"一路春鸠啼落花"句命题，让学生应对。黄遵宪以"春从何处去？鸠亦尽情啼"对出，其文思之敏捷，令塾师为之称奇。次日，塾师又以杜甫诗中名句"一览众山小"命题，黄遵宪则以"天下尤为小，何论眼底山"破题，出语不俗、大气磅礴，一时传为当地美谈。黄遵宪的文学天赋崭露头角，似乎预示着他日后在诗坛上扮演重要角色。

青年时代的黄遵宪才华横溢、潇洒自负，喜欢和志同道合的朋友诗酒酬唱、激扬文字。其中梁居实（1843~1911）、胡曦（1844~1907）与他最为友善，成为一生挚友。梁居实早年考取举人，在广东的书院做过主讲，1903年出任驻日使馆一等参赞，后来又出任驻德国、驻比利时使馆参赞。晚年，梁居实和黄遵宪两人都回到嘉应州办师范教育、普及教育和女子教育，梁居实还曾经襄助丘逢甲创办岭东同文学堂，积极推动家乡教育事业的发展。胡曦与黄遵宪同年考取拔贡①，两人吟诗作文，非常投机。但此后胡曦甘于寂寞、淡泊名利，宁愿在家乡默默从事教育工作和乡土文学的整理工作，后来成为一位很有影响的岭南新派诗人，其诗歌理论与创作实践对黄遵宪后来倡导"新派诗"产生了直接影响。黄遵宪和胡曦的人生际遇、生前身后名都颇为悬殊，但两人之间的友谊却是一往情深、终生不移。

在与师友的切磋磨砺中，黄遵宪豪情万丈，纵横古今，将

---

① 拔贡：科举制度中由地方贡入国子监的生员的一种方式。

一个青年诗人的张扬个性和不羁才情表现得淋漓尽致。他在早年的诗篇中曾说："宪也少年时，谓芥拾青紫。五岳填心胸，往往矜爪嘴。"正是这种"初生牛犊不怕虎"的精神，1868年（同治七年），刚刚20岁出头的黄遵宪写下了题为《杂感》的组诗，大胆地提出了诗歌革新的主张。他以一个天才诗人的敏锐直觉，意识到文字语言和文学艺术必须随着社会的发展而与时俱进。在那个新旧更替、中外碰撞的时代里，古典诗歌已经不足以充分适应和表现日益复杂的近代生活和快速变化的社会现状，因此他对当时诗坛笼罩的"六经字所无，不敢入诗篇"的复古主义给予了辛辣的讽刺，提出了"我手写我口，古岂能拘牵"的诗歌革新主张，像一声春雷震惊了陷于复古泥潭的古典诗人，为近代诗歌的发展和文学革命提供了理论先导和创作示范，成为中国新文学的先驱者之一。

科举途中

黄遵宪生活的时代，正值中国君主专制制度逐渐解体、西方资本主义海外疯狂扩张的大变革时代，家族变故、社会动荡对黄遵宪的成长经历产生了深刻影响。背负深厚家学渊源的黄遵宪从少年时代便树立起远大抱负，他曾在给梁启超的信中这样说道："自吾少时，绝无求富贵之心，而颇有树勋明之念。"黄遵宪对明末清初三大思想家顾炎武、黄宗羲、王夫之十分推崇，思想观念上深受清初以来经世实学的影响，立志经世致用、救国救民。尽管黄遵宪被时人赞誉"志在用世，有经世才"，却生不逢时。古代中国自隋唐确立科举制度以来，科举不仅成为仕宦正途，更称为功名利禄的源泉，"十年寒窗无人问，一举成名天下知"，这已经成为千万士子心中的最大梦想。然而科举制度进入明清，八股取士制度的弊端展露无遗，尤其清代大兴文字狱以后，考据之风盛行，读书人皓首穷经，埋头于儒家经典之中无法自拔，以求通经致用。生于此时的黄遵宪自然无法例外。

清代科举考试分为童试、乡试、会试和殿试。1867 年春（同治六年），20 岁的黄遵宪参加院试，被录取为生员，锦绣前程似乎已经在他面前展开。这年秋天，他踌躇满志地赶到省城广州参加乡试，结果却名落孙山。"无穷事愿付蹉跎，转瞬韶华极易过"（《榜后》），沮丧之余，年轻自负的黄遵宪不免会牢骚满腹，在诗歌创作中对科举制度进行了猛烈的抨击：

> 世儒习固然，老死不知悔。
>
> 精力疲丹铅，虚荣逐冠盖。
>
> ……
>
> 英雄尽入彀，帝王心始快。
>
> ……
>
> 三代学校亡，空使人材坏。

牢骚归牢骚，为谋求一个正途出身，在家人诗友的劝慰下，黄遵宪无可奈何地继续在科举的道路上前行。1870年上半年，他前往惠州，游览了美丽的丰湖。这年秋天，黄遵宪第二次前往广州参加乡试，仍然无功而返。为排遣心中郁结，他转道前往香港。这是黄遵宪第一次游览香港，其人生际遇从此与香港结下了不解之缘，后来他四次踏上香港这块土地。自1842年香港被割让给大英帝国，在殖民者的经营下，这个孤立于海外的小岛已经发展成为繁华的国际大都会。黄遵宪目睹了这座城市的制度文明和异域世态风情，思绪万千，感慨中，写下了《香港感怀十首》组诗。其中追述立刻香港沦丧的耻辱历史，表达了黄遵宪对新式文明的观感，抒发了诗人对于香港沦丧的悲痛之情，他对祖国的每一寸土地都是那样充满热爱，不禁发出了深深的责难，究竟是谁造成了国土的沦丧。

　　近代以来，香港的政治地位和文化作用是颇为奇特的，许多在黑暗中摸索的中国人正是透过这个窗口得以切身体验域外文明。黄遵宪在香港目睹和体验了与内地大为不同的新景象、新事物，所有这些对于其心灵的冲击是可以想见的，这些对他后来人生道路的选择也产生了至关重要的影响。正是从这一年，黄遵宪开始研究时务，关注外事。当时发生的"天津教案"吸引了他的注意，为此他开始大量阅读介绍域外的各类书籍报刊，正式接触到"西学"，这成为黄遵宪一生思想发生转变的重要起点。

黄遵宪才华出众，曾有人誉之为："过岭南以来所见士，君一人耳。"然而命运并没有垂青于他。1873年秋，他重整旗鼓，以新科拔贡生的资格到广州参加第三次乡试，但最终还是落榜了。这种沉重的打击对于一个青年士子来说是难以承受的，但黄遵宪没有放弃努力，他决定到北京应试。1874年春天，他启程前往北京应试。其时，他的父亲黄鸿藻正在北京户部做官，结交了不少高官大吏。俗话说"朝中有人好做官"，黄遵宪频频结识官场中人，显然是希望能够得到赏识和提携。更何况他现在正是人生失意、前途渺茫的时候，急于展现自己的才华，同时更希望遇上伯乐。

黄遵宪在烟台期间，曾经拜见过李鸿章。在晚清官场上，位高权重的李鸿章向来以待人傲慢著称，然而对初出茅庐的黄遵宪却"许以霸才"，这让黄遵宪感激不已，终生视为知遇之恩。1876年（光绪二年）秋，黄遵宪回到北京应试，中式顺天府乡试第一百四十一名举人，走过了中国传统士子所必经的一段风尘路。

此时的黄遵宪29岁，年将"而立"。他已经走出了粤东，足迹遍及香港、天津、京师和东南沿海。这使得他学识猛增，眼界大开。"东西南北走舟车，虎穴惊看插邑间。七万里戎来集此，五千年史未闻诸。"他意识到"海禁大开，外人足迹如履户庭，非留心外交，恐难安内"。恰好在这个时候，他被委任为首届驻日本公使参赞。这是黄遵宪一生中的重要转折点，他由此迈出了走向世界的第一步，开始了他作为"沿海的早期改革者"的辉煌经历。

第二章　而立随使
——浩浩天风快送迎，随槎万里赴东征

浩浩天风快送迎，随槎万里赋东征。

使星远曜临三岛，帝泽旁流遍神瀛。

大鸟扶摇抟水上，神龙首尾挟舟行。

冯夷歌舞山灵喜，一路传呼万岁声。

——黄遵宪《人境庐诗草·由上海启行至长崎》

第一次鸦片战争以前，大清帝国一直以"天朝上邦"自居，在对外关系方面维系着与周边国家的藩属体制。1840年以后，在与西方列强的战争中，清政府一次又一次地败下阵来，被迫签订了一系列不平等条约，清帝国的对外关系发生了根本性的变化。1861年，清政府成立了总理各国事务衙门，负责处理外交事务。1876年，郭嵩焘被任命为首届出使英国大臣，这是清

政府根据近代国际法原则向外国派驻使节的开始，此后一批批外交官被派往世界各地，从而使中国逐渐走进了世界历史发展的大潮流。

在晚清外交史上，作为外交活动家的黄遵宪尽管官职不高，却具有相当的影响力。他先后任驻日本公使参赞、驻美国旧金山领事、驻英国公使馆参赞和驻新加坡总领事，辗转亚、美、欧之间长达十二年半之久。长期的驻外生涯对于黄遵宪的思想发展转变产生了关键作用。黄遵宪晚年诗作中曾经这样写道："我是东西南北人，平生自号风波民。百年过半洲游四，留得家园五十春。"（《己亥杂诗》其一）这可以说是他一生的缩影和外交生涯的真实写照。黄遵宪走向世界的第一站就是与中国一衣带水的邻国日本。

随使日本

1871年（同治十年），中日两国签订了《中日修好条规》，这标志着中日两国正式建立起近代外交关系。1877年1月（光绪二年十二月），清政府任命何如璋、张斯桂为首届出使日本钦差大臣。因为何如璋与黄遵宪的父亲素有交情，对黄遵宪的才能十分赏识，因而奏请以黄遵宪充任公使参赞，随使日本，这年的黄遵宪恰好30岁。

日本是黄遵宪驻外生涯的第一站，对于异域文明，他显然充满了好奇，但此去远离故土，对于安土重迁的中国人又有说不出的愁思。黄遵宪就是怀着这种矛盾心态走出了国门。

1877 年 11 月 30 日，使团一行抵达日本长崎，日本方面按照国际外交礼仪迎接："施炮二十一声，桅换日章。日本戍兵，亦挂龙旗，炮如其数。互相为敬，西人所谓仪炮是也。"使团随后到达神户、东京，沿途受到华侨和日本各界人士的热烈欢迎。12 月 28 日，何如璋率领黄遵宪等人向日本明治天皇递交国书。自隋唐互通友好以来，隔海相望的中日两国至此时才按照近代国际法原则建立了正式的外交关系，这在中日关系历史上具有重大意义。

但是，随着日本明治维新运动如火如荼地展开，中日关系注定将进入不寻常的历史阶段。自 1868 年明治天皇开启维新运动之后，日本逐步走上了近代发展之路。明治政府从改革开始就制定了对外侵略扩张的道路，即所谓"大陆政策"。而作为近邻的大清帝国正处在风雨飘摇中，这为日本的侵略提供了绝佳时机。所有这些都决定了近代中日关系必然充满着矛盾和冲突，这也是黄遵宪等首届驻日外交官即将面对的严峻考验。黄遵宪作为使馆参赞，主要负责替公使起草奏折文书，他办事很有章法、条理清晰，果断干练，为何如璋所倚重。黄遵宪的外交才能在与日本交涉琉球事件和处理朝鲜问题上崭露头角。

琉球交涉

　　琉球事件发生在 1877 年至 1881 年之间，冲突的根本原因是日本阻止琉球向清王朝纳贡并蓄意吞并琉球群岛，这是近代中日关系中的大事件。琉球群岛位于日本九州鹿儿岛和中国台湾岛之间，共 55 个岛屿，海岸线全长 768 英里，面积 935 平方英里。自 1372 年（明洪武五年）成为明王朝的藩属国。日本对于琉球群岛觊觎已久，1609 年日本萨摩藩曾经征服了琉球，并在此后不断向琉球渗透其政治势力。中国进入清朝以后，琉球则依照明朝惯例，奉中国为正朔，并接受大清皇帝的册封。此后，琉球在相当长的一段时期中与中日两国维持着两面藩属的关系。

　　明治维新期间，日本加快了吞并琉球群岛的步伐。1871 年，54 名琉球渔民被台湾岛上的土著民误杀，使得急于吞并琉球的日本得以借题发挥，发动侵略。1875 年 6 月，日本派兵强行进驻琉球。7 月，日本内务省发布了"阻贡令"：禁止琉球入贡中国，不准接受中国册封，撤销福州琉球馆，规定琉球今后与中国的贸易和交涉概由日本外务省管辖。日本此举动在琉球和中国掀起了轩然大波，揭开了近代中日争端的帷幕——琉球交涉事件。

　　1877 年初，琉球国派使臣向德宏来清朝陈述日本"阻贡"的经过，乞求清朝的援救。当时负责接见向德宏的浙闽总督何璟和福建巡抚丁日昌对此反应积极，建议清政府通知驻日公使何如璋等人与日本政府交涉。1877 年何如璋一行东渡时途经神户，琉球国大臣马兼才曾于半夜潜入舟中，向中国使臣痛诉日本"阻贡"之事，希望中国政府救援，随后使团又接到了办理琉球问题的命令，首届驻日外交官们抵达伊始需要处理的一件大事就是琉球交涉，这也是当时中日外交的焦点事件。

对于日本的侵略扩张政策，黄遵宪曾经毫不客气地予以严厉谴责。然而，黄遵宪清醒地意识到："日本维新之效成则且霸，而首先受其冲者为吾中国。"因此，他积极配合何如璋对琉球和日本的历史、现状进行深入的考察研究，制定对策。他对日本国情做了细致的研究分析，指出日本当时改革不过十年，国势未定，兵力未强，国库空虚，还不足以与中国抗衡。黄遵宪建议何如璋在对日的琉球交涉中采取强硬立场，挫败日本吞并琉球的阴谋，消除日本进攻中国的隐患。否则，"隐忍容之，养虎坐大，势将不可复制"。据此，黄遵宪为何如璋草拟函件，上书总署，提出了"琉球三策"。上书中，他针对近代纵横交错的国际关系和复杂局势，以为国力的强弱才是外交胜负的决定因素，这是近代以来"弱国无外交"的最早预言。黄遵宪希望清政府对日坚持强硬态度，通过斗争取得和平，争取外交主动权，阻止日本南侵的扩张计划，打乱日本的战略部署。在今天看来，黄遵宪的"琉球三策"具有深远的战略意义。争琉球即是保台湾，也是保中国的南部海疆；对日本而言，吞并琉球群岛，就意味着占领台湾，下一步就是征服朝鲜，为入侵中国大陆准备条件。这种背景下，争夺琉球半岛的控制权成为中日两国极具战略意义的事件。

在黄遵宪的策划影响下，1878 年 9 月至 10 月，何如璋向日本外务卿寺岛宗进行交涉，外交照会措辞强硬，抗议日本"阻贡"行为。寺岛宗则指责何如璋的照会有辱日本政府，要求作出书面道歉，撤销照会，否则拒绝和谈。然而，清政府高层根本没有认识到琉球群岛在军事战略上的重要意义。李鸿章和总署对"三策"根本不以为然，责备何如璋因态度强硬"转致激生变端"，总署甚至准备撤回何如璋来化解僵局。清政府的短视和优柔寡断最终导致日本于 1879 年 4 月（光绪五年三月）悍然将琉球改为冲绳县，纳入了日本版图。但这只是明治政府单方面决定，清政府不予承认。1879 年 5 月，清政府总理衙门照会北京驻日公使，对此事提出严正抗议。时值美国前任总统 U.S. 格兰特来华游历，李鸿章请其代为调停。日本政府采取了强硬态度，拒绝调停，而清政府则作出让步，全盘否定了黄遵宪等人先前的交涉做法。这种一味迁就退让和委曲求全的软弱外交政策，让黄遵宪等驻日使团成员极其气愤和失望，却无可奈何。

为了抗议日本的公然挑衅，黄遵宪将中日琉球交涉的文书英译件交给途经日本的格兰特，并由其副手杨越翰（J.R.Young）带到美国纽约《哈拉报》发表。文章刊出后，东西方各国舆论哗然，使得琉球交涉的真相大白于天下，为打击日本的嚣张气焰、争取世界的舆论同情不无帮助。同时，黄遵宪在与日本友人宫岛诚一郎的笔谈中，对日本政府的侵略行径表达了强烈不满，表现出了外交家不卑不亢的风度和为保护祖国利益而斗争的爱国主义情怀。

琉球事件在此后一直是中日两国外交争议的焦点，反反复复，却没有结果。直到1894年甲午战争清政府战败，被迫割地赔款，国力衰微，对于孤悬海外的琉球群岛无能为力，琉球事件最终不了了之，黄遵宪等人对日交涉的努力也随之付诸流水。黄遵宪在琉球亡国后写了一首诗——《琉球歌》，记述了琉球被日本吞并的过程。作为琉球事件的亲历者，黄遵宪怀着极其复杂的心情，在诗中表达了他对国势衰微的慨叹和悲愤，令后人动容。

琉球事件是近代中日外交关系的起点，也成为悲剧的开端。实际上，琉球事件在近代中日关系中占据了极为重要的位置。对中国而言，它绝不是李鸿章所言的"争区区之贡"，而是标志着清政府在东亚维系了一千多年的藩属册封制度的瓦解；对日本而言，琉球事件的胜利成为其走向对外殖民扩张的试点和起点。此后，中日两国的国力完全进入了逆向发展的过程中，这种趋势竟维持了近70年之久。

作为首届驻日参赞的黄遵宪，面对这种历史趋势是那么无助和悲哀。但他却清醒地认识到了中日两国关系的发展变化和未来走向，在琉球交涉中为维护祖国利益尽了自己最大的努力，这种爱国主义情怀将永远值得后人敬仰!

《朝鲜策略》

明治维新一开始，日本就确立了对外扩张的"大陆政策"，宣称要以武力"开拓万里波涛"、"布国威于四方"。"大陆政策"分五个步骤：第一步征服台湾岛，第二步征服朝鲜半岛，第三步征服中国的北方满蒙地区，第四步征服中国全境，第五步征服全世界。由此可见，吞并琉球只是日本对外扩张的演习。1874年日本侵略台湾遭受重挫后，转而将矛头对准了朝鲜半岛。

近代伊始，朝鲜半岛在东北亚的地缘政治格局中占有十分重要的地位，各强国一直对其虎视眈眈。日本政府对朝鲜半岛的兴趣，开始于幕府时代末期。1855年，被誉为明治维新前三杰之一的吉田松阴，对当时日本锁国政策被美国、俄国武力打破，被迫签订通商条约的情形，曾经说过："贸易上失之于俄、美者，可在土地上取偿于鲜、满。"明治初年，日本请求与朝鲜通使，屡遭拒绝，于是开始大肆宣扬"征韩论"。

大清帝国与朝鲜半岛在地理位置上唇齿相依，历史上一直保持着宗属关系。日本入侵朝鲜半岛，势必会牵涉到中、朝、日三国的矛盾斗争。1875年9月，日本军舰云扬号以测量海口为名，闯进朝鲜江华岛附近，与江华岛朝鲜守军发生武装冲突，挑起江华岛事件。结果，朝鲜被迫于1868年2月与日本签订了《朝日江华条约》十二款。该条约实际上是把近代西方列强迫使东方国家签订的不平等条约转而强加给朝鲜民族。《朝日江华条约》以及接下来的几个补充条约，实质上标志着朝鲜已经置于日本的控制之下，这意味着朝鲜闭关自守局面的结束，也意味着中朝一直以来保持的藩属关系废止，这种变化深刻改变了东北亚地区的政治格局。

1880年7月，朝鲜李朝政府派遣金宏集为修信使访日。8月上旬，金宏集到达日本，就通商、定税等问题与日本政府进行会谈。由于朝鲜拒绝履行《朝日江华条约》的部分条款，日本对于金宏集的到来采取了冷淡严厉的态度，并且表示：此次来访只限于日朝两国解决两国之间的悬案，不希望有第三国参与其事。言下之意是想阻止金宏集与中国驻日公使馆接触。在这种情况下，清政府驻日公使何如璋、黄遵宪等人还是想方设法与金宏集会晤，先后进行了六次笔谈，商讨国际形势和朝鲜问题，谋划应对策略。正是在这样的背景下，黄遵宪根据何如璋公使的指示，短短几天内迅速拟成洋洋万言的《朝鲜策略》，根据"均势外交"的理论，从东亚全局的角度出发，提出朝鲜为应对变局而采取的基本策略：以"防俄"为主要目标，以"亲中国"、"结日本"、"联美国"为外交联盟，以"开国自强"为内政改革的必由之路。

一、防俄

防俄是《朝鲜策略》的核心思想。19世纪中叶以来，俄国不断对外扩张，期初其扩张重点在中亚一带。1853～1856年克里米亚战争中，俄军被英法联军击溃，转而将侵略的矛头转向了远东地区。《朝鲜策略》即以揭露沙皇俄国的侵略本性开篇：至于今日，更有囊括四海、并吞八荒之心。

1860年，沙俄强迫清政府签订了《北京条约》，从中国掠夺了乌苏里江以东40多万平方公里的领土，其南端延伸至图们江口，距离朝鲜边境只有10公里。1875年，沙俄与日本签订《库页岛千岛群岛交换条约》，获得了原本属于中国的库页岛，从而与从中国掠夺来的黑龙江以北、乌苏里江以东的领土连成一片，形成西窥中国，南侵朝日的态势。根据至今流传甚广的一幅《时局图》可以看出俄国这只大狗熊脚踏中国东北，虎视眈眈。著名革命家陈天华《猛回头》中即有"俄罗斯，自北方，包我三面"的忧虑。由于沙俄肆意南下，朝鲜首当其冲，因此黄遵宪提出应将"防俄"作为朝鲜当前的首要任务。同时也应该看到，《朝鲜策略》中之所以明确提出"防俄"的主要目标，并非简单就事论事，而是着眼于整个东北亚的战略格局，尤其充分考虑了中国当时正面临的边疆危机的大背景。鸦片战争后，沙俄先后通过《瑷珲条约》（1858年）、《北京条约》（1860年）、《勘分东界约记》（1861年）、《勘分西北界约记》（1864年）、《伊犁条约》（1881年）等一系列不平等条约，从中国西北、东北掠夺了近150万平方公里的领土，成为侵占中国领土最多的国家。

1880年，当何如璋、黄遵宪与金宏集在日本商讨朝鲜应对策略时，清政府正在与沙俄就伊犁归还问题进行艰苦交涉。1881年，中俄签订《伊犁条约》，收回了伊犁，但仍失地赔款。在这种局势下，"防俄"成为当时中国外交的重中之重。正在日本的黄遵宪对于当时的屈辱外交感到痛心疾首，对于近代以来中国的外交政策提出了极其严厉的批评。1880年5月，何如璋在上总署的函件中，立足于中国的安危，从中朝两国唇亡齿寒的关系出发，分析中朝共同面对来自沙俄的威胁，希望清政府认清形势，提高警惕，加强防备。由此可见，《朝鲜策略》所确定以"防俄"为核心的外交策略，实际上与中国国内的局势及外交政策密切相关。

二、亲中国

《朝鲜策略》认为，"亲中国"是朝鲜实施"防俄"策略至关重要的一步，因为中国具备"制俄"条件。

长期以来，中国与周边国家包括朝鲜维持着一种"藩属关系"，琉球群岛被日本吞并后，清政府意识到与周边藩属国的册封体制正面临严重危机，因而对这个问题更加重视。《朝日江华条约》的第一款就规定了"朝鲜国为自立之邦"。黄遵宪之所以劝导朝鲜"亲中国"，其意图就是针对这种状况而采取的应对办法，其目的则在于维护清帝国对朝鲜的宗主权。黄遵宪并没有从近代"平等"的观念去阐述中朝之间的睦邻友好关系，而是尽力维护清帝国的宗主权力，虽然体现了他强烈的忧国意识，但同时也流露出了一种大国的沙文主义心态，尽管这种思想的矛盾因素能够在当时的历史环境下得到合理解释，但这也表现了黄遵宪外交思想的局限性。

在金宏集携带《朝鲜策略》归国呈送国王后，黄遵宪密切关注着朝鲜的反应。1880年11月19日，高宗派密使李东仁到清政府驻日使馆约见黄遵宪，透露出"朝鲜朝议现今一变"。黄遵宪心领神会，立刻代何如璋向总署和北洋大臣上《主持朝鲜外交议》等函件，建议在朝鲜即将于列强缔结条约开口通商之际，由清政府派出官员到朝鲜主持与各国的通商事宜，以维护清帝国对于朝鲜的宗主权。黄遵宪建议，为了适应东北亚和朝鲜半岛形势的变化，清帝国应将朝鲜纳入自己的保护框架之下，在近代国际法原则下继续维持清帝国对朝鲜的宗主权，达到控制朝鲜半岛，维系中国边疆稳定的目的。但这一外交战略构想并不为李鸿章和总署所接受，李鸿章尽管赞同维护清帝国对于朝鲜的宗主权，但不主张派专使主持朝鲜内政外交或代朝鲜与列强签约，而建议清政府对于朝鲜维持保护职责即可，并在朝鲜与欧美列强的条约中写上"朝鲜为中国属邦"，保留一个"宗主"的虚名。这种情况下，朝鲜问题完全背离了黄遵宪的设想。

三、结日本

黄遵宪认为，从地理角度看，除了中国以外，与朝鲜关系最为密切的，只有日本。由于沙俄极力南侵，朝鲜与日本将共同面临来自沙俄的威胁，两国实际上辅车相依，朝鲜日本应该捐弃前嫌，应该联合起来共同御敌。因此，"结日本"具有重要的现实意义。

何如璋、黄遵宪之所以积极规劝朝鲜抛弃旧嫌与日本结盟，还有更深的背景。一方面是由于中俄在西北的领土争端，清政府面临沙俄的武力威胁，处理中俄关系成为当时中国的重大问题。1880年8月，张之洞上书提出了"联日抗俄"的策略，在国内引起很大反响，这必然会影响到驻日使馆人员。另一方面，则与兴亚会有密切关系。何如璋、黄遵宪当时正与宫岛诚一郎等人组织"兴亚会"，热衷于振兴亚洲。兴亚会于1880年3月在日本东京成立，其宗旨为：振兴亚洲，加强亚洲人团结，患难与共，彼此相济，以抗欧美列强东进，维持亚洲国家独立。该会的发起人和成员大都是明治政府的高官和汉学家，中国驻日公使何如璋也是发起人之一，黄遵宪以及后来的黎庶昌等人都是其会员。兴亚会与近代中日文化交流有很深的关系，后来在1883年1月改称为"亚细亚协会"，1900年3月合并于"东亚同文会"。

作为兴亚会的发起人和重要成员，何如璋和黄遵宪积极主张"联亚拒俄",希望同种同文的中、日、朝三国结成同盟，共同抵抗欧美列强尤其是沙俄的东扩，肩负起振兴亚洲的责任。驻日期间，何如璋、黄遵宪与日本友人经常进行笔谈，交往十分密切，结下了深厚的友谊。他们虽然也意识到了日本人"好胜贪利"，但对于日本的侵略性显然没有充分估计，所以才会极力规劝朝鲜从兴亚全局出发，与日本结盟。然而，世事难料，随着日本国力的不断增强，其称霸东亚的野心也日益膨胀，后来朝鲜正是不幸沦陷于日本的铁蹄之下，而中国也在甲午战争中被日本打败。在日本坚持的对外扩张政策面前，"结盟兴亚"最终化为了泡影。

四、联美国

何如璋、黄遵宪等人对美国颇有好感，在笔谈中不惜溢美之词，视美国为当今世界上扶贫济弱、维持公道的化身，是值得信赖的友邦，主张朝鲜主动与美国通商立约，牢牢把握关税自主权。《朝鲜策略》中不仅建议"联美国"，而且还从"军事外交"的角度出发，力主朝鲜彻底对外开放，与欧洲各国订约通商。理由有二，其一是从国际公法而言，欧美国家尊重法律约定，与欧洲各国结盟可以维护自身国家的独立，避免被沙俄一国吞并；其二是从世界大势着眼，当今世界没有哪个国家能够完全闭关自守，阐明当今世界由闭关走向开放的必然性。

五、自强

《朝鲜策略》中，为了达到"防俄"的目标，提出了"亲中国"、"结日本"、"联美国"三大外交政策，旨在推动朝鲜结束闭关锁国现状，实行对外开放。同时，黄遵宪深知"自强之道，在实力，不在虚饰"，为确立朝鲜的自强基础，黄遵宪建议朝鲜对内政进行三项改革：开国通商，广修武备，引进西学。从这些政策中我们能够看到黄遵宪改革思想中强烈的世界意识，但是这些改革措施几乎不触及政治体制改革，这表明了其思想的不成熟之处。当然，如果结合当时的历史大背景，今天的我们却是能够理解这种局限。

《朝鲜策略》的文末，黄遵宪大声疾呼朝鲜要增强忧患意识，顺应历史潮流，自立自强："惟智慧，能乘时；惟君子，能识微；惟豪杰，能安危。是所望朝鲜之有人急起而图之而已。"黄遵宪对朝鲜安危的担忧，对朝鲜前途的关注，对朝鲜有志之士的期望，表露无遗，从中我们能够读出一名近代中国知识分子的开阔胸襟和悲悯情怀。

六、历史影响

1880 年 10 月，金宏集将《朝鲜策略》带回国呈送朝鲜国王李熙，朝鲜国王随后将《朝鲜策略》交由大臣们传阅、讨论，由此在朝野上下引发了"开国"还是"闭关"的激烈而持久的讨论。

朝廷大臣的讨论结果，分为了对立两派。在李最应、金炳国、李御元等大臣看来，《朝鲜策略》中对于朝鲜地缘政治的认识非常深刻，应当引以为用。但他们也认为黄遵宪提出的"亲中国"、"结日本"、"联美国"的外交政策颇有诸多让人疑惑及难以施行之处。朝鲜方面对黄遵宪的策略虽然有所疑虑，却非常重视。毫无疑问的一点是，《朝鲜策略》对于朝鲜国内政府官僚阶层思想的变化起了重要的引导作用。而另一方面，朝鲜由于长期处于闭关锁国的状态中，国内保守势力异常强大，鉴于《朝鲜策略》在国内引起的轩然大波，兵曹正郎刘元植上疏国王，攻击黄遵宪的《朝鲜策略》有违朝鲜国教，要求严加禁止。1881年3月，以李晚孙为首的三百余人聚会京城，联名上《岭南万人疏》，对《朝鲜策略》逐一批驳，大肆攻击其中的外交策略及"西化"改革，要求严惩一切传播西学的人，销毁一切有关西学的书籍。此后，还有儒生不断上书，最终形成了一场波及全国的政治抗议事件，成为朝鲜近代史上的著名政治事件。

在朝鲜方面看来，对于《朝鲜策略》可谓毁誉参半，然而这却客观上成为激发朝鲜近代化的催化剂，其中诸多建议逐渐被朝鲜国王及"开国派"大臣们认可、采纳，并据此作出了"决意外交"的政策，进行内政改革，由此迈出了近代化的第一步。1882年，朝鲜与美国签订了《朝美通商条约》，开国成为不可逆转的趋势。稍后，日本借朝鲜"壬午兵变"之机进一步向朝鲜半岛渗透势力，东北亚局势顿时变得扑朔迷离、错综复杂。

朝鲜半岛最终还是沦为了日本的殖民地，这一结果与黄遵宪主张的"结日本"完全相反，这表明了《朝鲜策略》对于东北亚局势走向的预测和判断并不准确，具有很大的局限性。尽管黄遵宪的外交策略有种种不足之处，然而他的《朝鲜策略》对于推动朝鲜开国起到了至关重要的作用，对于近代中朝关系产生了重要影响，其历史效应不容抹杀。

文字结缘

随使日本期间，黄遵宪不仅在外交舞台上大显身手，也活跃于明治诗坛。为了深入了解和研究日本的历史文化和现实状况，他在处理纷繁复杂的外交事务之余，学习日文，广泛阅读，并结交了很多日本友人，"海外偏留文字缘"，在中日近代文化交流史上续写华章。

中日两国一衣带水，文化交流源远流长，隋唐以来，中国文化对于日本的影响非常大。直到明治时期，日本虽然开始大量引进西学，但汉学仍然占据着重要地位，许多日本文人还是习惯用汉字作文写诗。中国驻日本公使馆建成后，不仅成为外交家集聚之地，更成为中日友人"以文会友"的重要场所，很多日本文人闻讯纷纷赶来与公使馆人员切磋诗艺。黄遵宪作为中国首届驻日公使参赞，确切说就是"文化参赞"，凭着自己深厚的学养，享誉明治诗坛。日本友人十分推崇黄遵宪的诗才，纷纷前来求教，他也当仁不让，俨然以"文化导师"自居，对日本友人的诗文提出坦率真诚的批评。黄遵宪驻日期间，对于促进中日文化交流起到了重要作用。

黄遵宪认为诗歌风格与诗人性情关系最为密切，对诗人的天赋颇为重视，针对当时日本诗坛"纤靡成风"的诗歌现状，建议日本友人多接触社会现实，读万卷书，行万里路，如"太史公所谓游名山大川以壮其气"。关于小说，黄遵宪对《红楼梦》推崇备至，他在向日本友人石川英介绍这部小说时说道："《红楼梦》乃开天辟地、从古至今第一部好小说，当日月争光，万古不磨①者。"他还将《红楼梦》亲自圈点后赠送友人。实藤惠秀认为，正是黄遵宪首次将完整的《红楼梦》全书介绍到日本来的。

黄遵宪与日本友人的交往，对其思想尤其是中西文化观念产生了直接影响。黄遵宪初到日本时，与守旧派人物交往密切，对于明治以来日本效法欧美推行"西化"改革引起的社会不满非常在意，这在一定程度上影响了早年的黄遵宪对于明治维新和西方文化的认识评判。黄遵宪对待明治维新和西方文化的态度，虽然不像旧学家那样冷嘲热讽、感慨叹息，然而却非常矛

---

① 万古不磨：永远不会消失。

黄遵宪与日本友人合影，中立者为黄遵宪

盾和困惑。他认为耶稣之学取法于中国的墨家学说，坚持"西学中源说"，对于明治以来日本社会在经济、政治、军事、文化教育等方面的巨大变化感到惊叹，而对于日本全盘西化的做法表示怀疑，对于西方民主政治学说也采取了一种排斥态度。由此可见，驻日初期的黄遵宪尚未摆脱"中体西用"、"西学中源"的思想藩篱。只是，随着此后对于明治维新和西方文化的了解逐步加深，他在中西文化观上才发生巨大变化，这些集中反映在《日本杂事诗》和《日本国志》上。

这种文化上的失重心态和矛盾困惑，并非黄遵宪一人所独有，甚至可以说是中国近代知识分子走向世界的过程中必然面对的一道坎。名扬海内外的"沿海型改革家"王韬在1879年曾经应邀东游扶桑，先后游历了日本长崎、神户、大阪、横滨、西京、东京等地，广泛接触了日本的各界人士，产生了非常相似的文化体验。和黄遵宪一样，王韬一方面对于明治政府推行"富国强兵"、"殖产兴业"、"文明开化"三大政策所取得的巨大成就表示惊叹和羡慕，另一方面则对西学冲击下传统儒学的没落感到伤感和惋惜，思想的复杂和矛盾显而易见。

也许正是这种思想观念的相似性，使得黄遵宪与王韬在日本一见面即有相识恨晚之感。两人一见如故，意气相投，对酒当歌中，纵论天下大势，慷慨激昂，很快成为莫逆。黄遵宪返回香港后，两人仍常有书信往来，交换彼此对于变法自强、国际形势和外交策略等问题的看法。黄遵宪的《朝鲜策略》为王韬所赞同，王韬坚持政治改革的观点对于黄遵宪启发很大，促使他能够挣脱固有的狭隘经世思想，开始关注政治体制改革的问题，最后和王韬一样，成为英国式君主立宪政体的推崇者。从王韬到黄遵宪，可以看出中国近代思想史的一些特点。

《杂事》吟记

黄遵宪任驻日公使馆参赞期间，正值明治维新运动如火如荼地开展，日本的近代化进程不断向前推进。作为一名"文化参赞"，黄遵宪具有强烈的历史使命感，在工作之余，深入考察了日本的历史和文化现状。到日本第二年（1878年）他已经开始着手编写《日本杂事诗》和《日本国志》，其目的就是想通过探究日本明治维新的近代化改革之路，为当时已经病入膏肓的大清帝国寻找振兴的药方。在近代中国人走向世界、探索异域的漫长征途中，黄遵宪和其所著《日本杂事诗》和《日本国志》属于里程碑式的人物和著作，尤其在近代中日文化交流史上占据着十分重要的地位。

中日两国隔海相望，早在两千多年前就有密切往来，文化交流源远流长。但是，在近代以前的大部分历史时期中，由于华夏文明在中日文化交流中一直居于强势地位，加上根深蒂固的"华夷之辨"思想的影响，造成了"只一衣带水，便隔十重雾"的状况。

19世纪中叶，随着欧洲列强的殖民扩张，中日两国几乎同时面临着武力征服的危险。1840年爆发的中英鸦片战争对于日本的震动，远远大于中国对于日本1853年遭遇美国军舰叩关的"黑船事件"的关注。鸦片战争后，中国有识之士被"数千年未有之变局"（李鸿章语）所震惊，国内掀起了一股"西学热"，积极介绍研究域外新知识，但由于当时中国面临的最大威胁来自西方，因此朝野上下关注的焦点自然是"泰西"，而对于东邻日本的遭遇并未给予足够的重视。被誉为"睁眼看世界"的先行者魏源，在其名著《海国图志》50卷本（1843年初刊）和60卷本（1847年刊印）中竟然没有关于日本的介绍，直到1852年增补为100卷本时才补入了日本的内容（第17卷《东南洋海岛之国》之《日本岛国》），中间还有不少常识性错误。由此可见，作为19世纪中国人研究世界、探求域外的代表性人物，魏源对于近邻日本的了解认识，总体上并没有超越200年前明朝人的水平。得风气之先的知识精英尚且如此，更何况国内那些妄自尊大的官僚士绅。近代的中国与邻国日本的隔膜程度不能不令人感到深深的悲哀。

一、编撰刊行

1868年，明治元年，日本开始进行大刀阔斧的改革，国力急剧膨胀，1874年公然进犯台湾，从而引发了中国国内上下的严重关注。19世纪70年代，中国开始出现大量介绍、研究日本的著作，这些著作从不同角度考察日本，以资料丰富见长。然而，总体认识上却存在严重不足，由于对于日本的历史、政治缺乏实地考察和深入分析，竟出现很多令人啼笑皆非的错误。黄遵宪就是在这样的历史背景下开始了对于日本的研究。1878年（光绪四年），黄遵宪开始编纂《日本国志》，"网罗旧闻，参考新政"，并在这个过程中撰写了《杂事诗》。《日本杂事诗》本是编纂《日本国志》的副产品，但其问世却更早。1879年8月，黄遵宪四易其稿，最终撰成《日本杂事诗》，全书分为2卷，共有154首，全为七言绝句，每首诗均有注文，由京师同文馆"聚珍板"印行，此即《日本杂事诗》的初刻本，亦称"原本"。1879年，王韬离开日本回国时，他向黄遵宪请求将《日本杂事诗》携归刊行。1880年2月，王韬将《日本杂事诗》在香港《循环日报》上以活字版印行。这样，《日本杂事诗》于短短两个月内在南北两地先后问世，此后又出现了多种版本。这部被称赞为"海外竹枝词"的诗集，以其题材之新奇、内容之丰富、议论之精当，在中日两国广为流传，使黄遵宪名满海内外。

《日本杂事诗》成稿后，不仅受到广泛推崇，而且还在中日文化交流史上留下一段佳话。当时经常与黄遵宪等人进行笔谈的日本友人源辉声对《日本杂事诗》钟爱有加，1880年9月，他恳请黄遵宪同意将《日本杂事诗》初稿埋于东京墨江畔的家园中。此为增进中日友谊的雅事，黄遵宪欣然允诺。于是，源辉声作《葬诗冢碑阴志》，记录此事，称赞《日本杂事诗》。

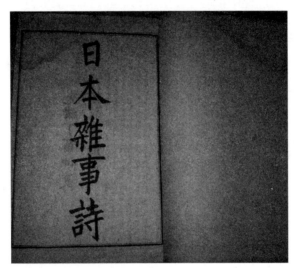

《日本杂事诗》书影

黄遵宪亲笔题写了"日本杂事诗最终稿冢"的碑文。源辉声去世后，其儿子按照父亲的遗愿，将"诗冢"迁移到安葬了其父亲的平林寺。

黄遵宪的《日本杂事诗》和这座"诗冢"记载了中日两国文人之间的深情厚谊，成为近代中日文化交流史上的一座丰碑。

二、内容题材

黄遵宪在《日本杂事诗》中广泛涉及了日本的历史地理、政治制度、文化习俗、技艺产物等，其重订后定本中则补入了自由民权运动、警察制度、监狱以及文化习俗西化等方面的内容，这实际上已经深入到了制度层面、文化习俗层面和社会心理层面，而且思想深刻、见识高超，这是以往关于日本的著述所无法企及的。

《日本杂事诗》是"竹枝词"式的文学作品，全部是七言绝句，以诗咏史，并配有内容丰富的注文，这些注文也是《杂事诗》不可分割的组成部分。在其"原本"（初刻本）中，按照黄遵宪自己的说法，其内容题材分为国势、天文、地理、政治、文学、风俗、服饰、技艺、物产九类。归纳一下，主要有四方面的内容：
（一）概述日本的地理疆域和历史发展轨迹；按照"略古详今"的原则，概述了日本从远古"神代史"到明治维新的历史发展轨迹，从近代地理学角度对日本的地理位置、国土面积、区域划分、户籍人口、历史传统、国号纪元等内容做了详细介绍。

（二）概述中日友好往来和文化交流的历史；记述了中古以来中日两国的交往及中国文化对日本的影响，并且对于维新运动中的明治志士们给予了极高评价，其目的就是为了激发中国知识分子学习明治志士的献身精神，以推动中国的维新变法运动。

（三）介绍日本的文化礼俗与风土民情；通过实地考察，将日本民族的衣食住行、礼仪礼节、宗教信仰、祭神祈福、婚丧嫁娶、歌舞宴乐等都一一入诗歌咏，成为一部介绍日本风俗文化的集成之作，有助于中国人更加全面地了解日本的民俗文化，开辟了中国民俗学研究的新领域。（四）介绍明治维新及日本社会的近代化进程；着重记述了日本明治维新后政治、经济和文化方面的新变化，内容丰富，对当时维新过程中的王政复古、废藩置县、官制改革、租税改革、刑法改革、引进西学、遣使欧美等重大事件均有所涉及。其目的在于通过对明治维新的介绍，为中国提供有益借鉴，从而激励国人奋发图强，实现国家民族的独立富强。

《日本杂事诗》以组诗的形式全面记述了日本的历史文化和明治维新以来社会变化的情形，其内容涉及的范围极为广泛，通过黄遵宪天才头脑的转化，文采斐然、个性张扬。因此，这部诗作一经问世便赢得了中日两国学者的共同赞赏，成为近代中国认识日本的重要桥梁，在中日文化交流史和中国近代思想史上占有重要地位。

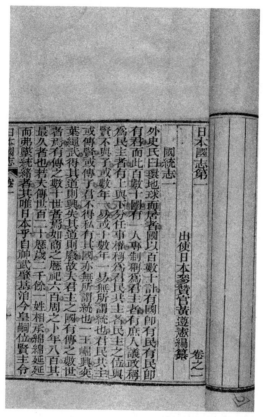

日本國志第一

日本國志第一

卷之一

國統志一

出使日本參贊官黃遵憲編纂

外史氏曰環地球而居者國以百數十計有國即有民有民即有君而此百數十國有一人專制稱為君主者有庶人議政稱為民主者有上與下分任事權稱為君民共主者民主之伍與賢不與子或數年一身或十數年一身或無所謂統也一王崛興英葉繩武得其道則興失其道則廢故夫君主之國有傳之數世或傳賢或傳子君不得私有其國亦無所謂統也君民共主者為有傳之數十世者為如商之歷祀六百周之卜年八百其最久者也若夫傳世百二十歷歲二千餘一姓相承綿綿延延而弗替統緒者其唯日本乎自神武肇基洎今皇嗣位賢主令

《日本国志》

黄遵宪在《奉命为美国三富兰西士果总领事留别日本诸君子》一诗中如此写到自己在日本做的两件事："草完明治维新史，吟到中华以外天。"其中"吟到中华以外天"一句，指的是上节所介绍的《日本杂事诗》一本诗集。而"草完明治维新史"一句则是指另外一部重要的著作——《日本国志》。

1894 年中日甲午战争爆发，黄遵宪奉命由新加坡卸任回国，当 12 月下旬抵达上海时，清军已经一败涂地，议和在所难免。作为清政府"全权代表"的李鸿章无法挽回清帝国面临的任人宰割的命运。甲午战败带来的丧权辱国的《马关条约》，其影响正如梁启超所言："吾国四千余年大梦之唤醒，实自甲午战败割台湾偿二百兆以后始也。"可以说，没有一次战争对于中国思想界的冲击超过甲午一役。日本从中古时代一直是以中国的学生自居，对于中国历代王朝毕恭毕敬。明治维新前的日本闭关锁国的外交政策和国内状况与大清帝国并无二样。然而从 1868 年，明治维新开始，经过短短 26 年时间，竟然能够在甲午海战中大败当时排名东亚第一、世界第九的大清帝国北洋水师。北洋水师是晚清洋务运动积累的结晶，也是当时清政府建立的最强大的海军舰队。甲午一战，洋务派数十年的苦心经营消耗殆尽。泱泱大国竟然败于一个小小的岛国，一直以"天朝上邦"自居的中国士大夫阶层，在屈辱和震惊之余，不得不将目光转向这个一衣带水的邻国日本，探究其崛起的秘密。

在危机刺激下日益高涨的"自改革"思潮，就其所借重的域外思想资源而言，以甲午战争为分水岭，发生了从学习欧美转而效法东洋的转变，并对于近代中国思想文化进程产生深远影响。黄遵宪与这一重大的思想转向有极为密切的关系。他的《日本杂事诗》和《日本国志》正是在此之际先后刊印，短期内就风靡全国，成为了在"自改革"思潮中倡导学习"日本模式"的里程碑式巨著，在近代中国的思想启蒙运动和戊戌变法的事件中打上了深刻的烙印。

1877年，黄遵宪随何如璋出使日本之际，正值明治维新的第一个十年，方兴未艾、初显成效，日本政府以欧美列强为榜样，引进西法，全面推进国内改革。身处其境的黄遵宪震惊于日本社会的重大变化，充分认识到研究日本历史文化和明治维新的重要意义。此外，因为在日本本国的大量史籍中，有关典章制度方面的史志却残缺不全。对于黄遵宪而言，没有史志就意味着无法对于日本历史中制度组织等方面的历史变化进行考察。

为了探求日本历史发展尤其是典章制度变迁的轨迹，以资国人借鉴，黄遵宪决定迎难而上，编著一部日本国志。为此，他学习日本的语言文字，阅读日本的历史典籍，有意识地同日本士大夫阶层交游，虚心向他们请教，得到了很多日本友人的真诚帮助。如果没有日本友人的帮助，对日文仅仅"稍习"的黄遵宪几乎不可能完成编撰工作。

1878年（光绪四年）夏天，黄遵宪正式开始编撰《日本国志》，在宗旨和体例上有着自己的鲜明特色。

（一）考古通今，以期有用。黄遵宪自觉继承了"学术所以经世"的传统，主张史学应发挥经世致用的功能。他大胆推陈出新，以典制体裁来记述外国历史，在晚清史学中具有开创性意义。基于"适用"的宗旨，黄遵宪确定了"详古略今、详近略远"的编撰原则，所记载的日本典章制度改革、对外交流演变、学术思想发展、社会习俗变迁的史实，虽然上起神武元年（公元前660年），下至明治十四年（1881年），但重点却放在1868年明治维新以来日本社会的改革发展变化上，其篇幅占全书三分之二以上。同时，《日本国志》对明治维新史的介绍并非面面俱到，与纪传体史书不同，他对历史人物的介绍用笔不多，而将焦点放在了明治维新后社会制度变革的情形，对日本效法西方资本主义进行的有关政治体制、经济制度、军事制度、法律文教等方面的一系列改革做了充分介绍。正因如此，黄遵宪自豪地称《日本国志》为"明治维新史"。黄遵宪希望通过对日本明治维新的深度研究和详细介绍，为国内有志之士提供历史借鉴和经验参考，推动国内的变法改革。

（二）务从实录，实事求是。黄遵宪在书中强调"史家纪述，务从实录"，坚持尊重史实、实事求是的著述立场，痛斥传统史书中沿袭的"华夷之辨""正闰^①之辨"等陈规陋习。在《日本国志》中，黄遵宪明确遵从"名从主人"的原则，称呼皇帝一概用日本旧称，在官名、地名、事物名称等也全部采用日本本国称呼。他希望中日两国平等对待，睦邻友好，在著述中不偏袒、不贬损。这表明黄遵宪思想上已经突破了狭隘的"华尊夷卑"的藩篱，形成了符合历史大潮流的世界观念。黄遵宪还明确反对传统史书中充斥的"天人感应"历史观，用建立于近代科学基础上的认识方式和态度对待史书写作，体现了严谨的科学精神。

（三）史论结合，比较借鉴。在《日本国志》的写作中，黄遵宪并不是单纯的罗列史料，而是评史论今，着重阐发自己的改革思想。其中既有对世界历史发展大潮流的宏观认识，也有对近代西方资本主义制度的具体介绍，还有对日本历史发展规律的概述总结，并且在评论过程中，常常结合中国的实际情况加以对比分析，提出了许多有益建议，给人启发。史论结合的特色集中体现了黄遵宪本人的历史眼光和思想，富于见识，是全书的精华所在。

———————

① 正闰：正统与非正统。

（四）辅以数表，简明清晰。《日本国志》中大量运用了各种统计表格以备参考。明治维新期间，日本学习西方国家的管理模式，统计学被运用在政府各个部门中。《日本国志》中大量清晰的表格和精确的数据使读者一目了然，对日本社会的发展变化有深刻印象。作者著述过程中，将近代统计学方法引入历史研究领域，具有真正的开创意义。

黄遵宪从1878年夏天开始着手编撰此书，一直到1887年夏天才最终完成，"费日力至八九年"，凝结了黄遵宪驻日期间的心血。《日本国志》是近代中国人编撰的第一部日本通志，规模宏大，资料丰富，是晚清海外历史地理研究的杰作。书中大量征引中日史籍，加上黄遵宪本人良好的资料鉴别能力和敏锐的学术眼光，使得该书从各个角度评价都不失为一部高质量的史著。《日本国志》完稿后，黄遵宪将之抄写成四份，携带其中三份北上京师，希望这部以"忧天热血"铸成的著作能够受到当局所重视，发挥其作用。然而，黄遵宪无法预料的是，《日本国志》的刊行竟然如此曲折坎坷。

1888年初，黄遵宪将书稿呈送驻守天津的北洋大臣李鸿章，并恳请他将书稿代呈总理衙门。曾经赞许黄遵宪为"霸才"的李鸿章作何反应呢？从根本上看，李鸿章对于《日本国志》中表达的观点是不认同的。李鸿章是晚清政局中的一位关键性人物，曾主导洋务运动，长期主持外交大政，对于世界大势是相当了解的。李鸿章也赞扬了《日本国志》，然而，作为"中体西用"思想的代表人物，他对黄遵宪提出的效仿日本全盘西化的做法颇多反感，并直接予以驳斥。实际上，李鸿章与黄遵宪在对明治维新的评判上存在着根本性的分歧，在这种情况下，李鸿章并没有真正认识到《日本国志》的价值所在。另一位晚清重臣、洋务派代表人物、时任两广总督的张之洞，尽管对黄遵宪非常器重，然而对于《日本国志》的评价却并不比李鸿章高明。当局权势人物对于《日本国志》反应的冷淡、麻木，从另一个侧面反映出当时的大清帝国对于东邻岛国的快速崛起和世界的发展变化所采取的态度竟是抱残守缺、充耳不闻。黄遵宪通过官方刊行《日本国志》的愿望最终落空了。

1890 年初，在随薛福成出使英伦之前，黄遵宪无奈之下将书稿交给广州富文斋刊印。在与日本友人的信中，谈及《日本国志》，既非常自负，又极为伤感，无奈和心酸之情溢于言表。然而这却不仅仅是一部著作的不幸。《日本国志》中曾经预言日本"颇有以小生巨，遂霸天下之志"，后来的事实被不幸言中，大清帝国在中日甲午战争中的一败涂地，引发了国内严重的民族危机。随着国内酝酿已久的"自改革"思潮的高涨，在耽搁了整整 8 年之后，《日本国志》终于在 1895 年秋冬之际刊行问世，并在"以强敌为师资"的潮流中，风靡一时，多次翻印，成为维新派人物了解、研究日本明治维新成功秘密的启蒙教科书。

《日本国志》对明治维新进行了极为系统全面的考察，囊括了政治、经济、军事、文教等各项制度的改革情况，黄遵宪对于西方先进文明制度的向往之情跃然纸上。同时，由于思想的不成熟，《日本国志》中也流露出很多矛盾和模糊，从中我们能够看出"中体西用"思想的痕迹。因此有学者指出《日本国志》是一部过渡性著作，这个评价是中肯的。但应该看到，在明治维新的影响下，黄遵宪的思想已经发生了巨大的变化，他预言："中国必变从西法，或如日本之自强，或如埃及之被逼、或如印度之受辖、或如波兰之瓜分，则吾不敢知，要之必变。将此藏之石函，三十年后，其言必验。"这表明了黄遵宪正在挣脱传统经世思想的桎梏，转而变成一名坚定主张"西化论"的改革者。

思想激荡

在日本的五年是黄遵宪一生思想转变的重要时期，域外的新事物、新思想、新文化都深深刺激到了年轻的黄遵宪。明治维新开始以后，日本社会出现了声势浩大的自由民权运动，这是日本民主政治运动蓬勃发展的时期，也是近代以来思想界最为活跃的一个时期，在日本历史上被称为启蒙时代。黄遵宪驻日期间，正值自由民权如火如荼开展的时候，身处其中，自然不能不受到影响。其中，福泽谕吉和中村正直两人的思想对黄遵宪影响深远。

　　福泽谕吉（1834~1901）是明治时期最著名的启蒙思想家，被誉为"日本的伏尔泰"、"日本国民的教师"。福泽谕吉出身于下级武士家庭，少年时学习汉文，深受儒家思想熏陶。1860年后多次随幕府使节团赴美、法、英、德、俄等国访问，受到近代科学和西方资产阶级自由民主思想的影响。1866年出版译著《西洋事情》，1868年创办庆应义塾，1872年出版了《劝学篇》，开篇有一段名言："'天不生人上之人，也不生人下之人'，这就是说天生的人一律平等，不是生来就有贵贱上下之别的。"大力倡导天赋人权学说。1875年出版的《文明论概略》中，以英国经验学派的功利主义为基础，积极提倡文明开化，建议"接近人们普遍日用的实学"，强调过国民的德智水平对于国家独立的重要性。1885年出版了著名的《脱亚论》，为日本向外扩张建言献策。福泽谕吉一生都致力于介绍西洋文化，进行思想启蒙，对于近代日本思想影响极大，是日本近代文化的缔造者之一。黄遵宪对于福泽谕吉非常关注，福泽谕吉最重要的思想是"文明论"，他认为文明就是人类智德进步的状态，国民的智德水平决定着一个国家文明的高低，对国家的治乱兴衰起着决定性作用。"一人可以独立，一家可以独立，国家也就可以独立了。"由此提出每个国民都要"独立自尊"，都要"立志向学"，先做到"一人独立"，成为自由独立的国民，然后在此基础上才能达到"一国独立"。这种思想给予黄遵宪很大的启迪，后来他在国内的湖南新政期间就曾经积极提倡"自治其身，自治其乡"的地方自治，希望通过发展教育，开启民智，伸张民权，培养普通民众的参政意识和参政能力，最终追求"天下大同"。这种思想显然与福泽谕吉"人人独立，国家就能独立"的思想如出一辙。

日本的启蒙思想家中，中村正直与福泽谕吉齐名。中村正直（1832～1890）是明治时期著名的教育家、启蒙思想家，早年从事儒学研究，1866年至1868年期间留学英国，归国后积极提倡西学，但同时又不排斥儒学。1871年，中村正直翻译出版了《自助论》，成为最受欢迎的励志畅销书，并且被当作中小学校的修身教科书，被誉为"明治之圣经"。1872年翻译了约翰·穆勒的《论自由》，该书在功利主义中加入理想主义的因素，主张"追求最大多数的最大幸福"，强调个人人格尊严、人的个性和自由的重要性，成为文明开化自由思想的经典，影响相当广泛。黄遵宪与中村正直友谊深厚，思想上互相影响。两人思想上有很多相通之处，尤其在儒学与西学关系方面近乎类似。

在日本明治启蒙思潮的激荡下，通过与域外思想文化的接触，黄遵宪获得了观察和思考问题的新视角，思想上发生了巨大变化，尤其深受日本明治启蒙思潮和自由民权运动的影响。与福泽谕吉、中村正直等人一样，黄遵宪希望通过普及教育，提高国民素质，并以此为基础伸张民权，建立君主立宪政体，这种思想对于他后来亲身参与的戊戌变法产生了极其深刻的影响。也正是在这些因素的作用下，在驻日本的第二年，他即着手开始编撰《日本杂事诗》和《日本国志》，其最终目的在于通过探究日本的近代化过程，为中国的改革提供借鉴。而他个人的复杂思想与变化轨迹，就散落在这两本不同凡响的日本研究巨著中，真实地记录下了一个近代思想家早期的心路历程。

1882年(光绪八年)初春，黄遵宪就要离日赴美了。临别之际，日本友人设宴饯行，黄遵宪赋诗相赠，作了《奉命为美国三富兰西士果总领事留别日本诸君子》一组七律，歌咏了中日两国的友好往来和文化交流，表达自己在驻日期间的感受以及对以后中日两国共同发展的愿望。现摘录一首如下：

海外偏留文字缘，新诗脱口每争传。
草完明治维新史，吟到中华以外天。
王母环来夸盛典，吾妻镜在访遗编。
若图岁岁西湖集，四壁花容百散仙。

日本友人也作诗奉和，称颂黄遵宪对于中日文化交流所作的贡献，表达了对中日两国友好共处的期望，对于黄遵宪的前程表达美好的祝愿。黄遵宪在日本友人心目中地位极高。有学者认为，在近代中日文化交流史上，黄遵宪占有着特殊的光彩的地位。日本历史学家伊原泽周也认为，黄遵宪是近代中日建交史上的伟大的文化使节，是明治初期中日两国文化交流的开拓者。

"明朝又向东洋去"，满载着收获和希望，黄遵宪依依不舍地离开了日本，踏上了新的征程，开始了新的人生体验。

第三章　不惑辗转
——又指天河问析津，东西南北转蓬身

又指天河问析津，东西南北转蓬身。

行行遂越三万里，碌碌仍随十九人。

久客暂归增别苦，同舟虽敌亦情亲。

龙旗猎猎张旆去，徒倚阑干独怆神。

——黄遵宪《人境庐诗草·自香港登舟感怀》

黄遵宪是近代中国走向世界的一位杰出的外交活动家。他出任中国首届驻日本公使参赞，亲历过日本的明治维新运动，后来又出任过中国驻旧金山总领事、驻英国公使参赞和驻新加坡总领事。美欧亚之间的辗转，让黄遵宪得以对西方资本主义社会进行实地深入的勘察，加深了他对西方历史文化和政治现状的了解，从而自觉地融入了世界发展的大潮流中，充分收集域外资源建造自己的思想大厦。

三藩护侨

1882 年 3 月，黄遵宪与日本友人告别，由横滨乘海轮横渡太平洋，奔赴美利坚。一路颠簸，于 4 月初抵达美国旧金山，开始了其外交生涯的第二站。游离欧美，本是黄遵宪驻日期间接触西学、思想发生转变之后的一个夙愿，他在《朝鲜策略》中也曾提出了"联美国"的策略，认为美国是世界自由民主之国的代表，对其非常向往。然而，出乎黄遵宪意料的是，他认为的自由、共和的美国，却让他经历了外交生涯中最为艰辛的岁月。在他到任之际，美国正掀起一股排华浪潮。

旧金山，又译"圣弗朗西斯科"、"三藩市"，是美国加利福尼亚州太平洋沿岸港口城市，19 世纪中叶旧金山在淘金热中迅速发展，华侨称为"金山"，后为区别于澳大利亚的墨尔本，改称"旧金山"。早在 19 世纪 20 年代初期，就有华人漂洋过海来到美国。1848 年加利福尼亚州发现金矿，由此掀起了一股淘金热，由于当地劳动力不足，需要从国外招募大批劳工去开采，于是大批华工被招募来到美国西部从事开采金矿、修筑铁路、开垦荒地等最危险、最繁重的工作。1868 年中美签订了《蒲安臣条约》，承认华人赴美来去自由且享有与白人同等的权利。此后，来美华人急剧增加，至 19 世纪 80 年代初已经超过 10 万人。无数华工用血汗为美国西部的开发作出了不可磨灭的贡献，正如一位加州最高法官所说："加利福尼亚的繁荣兴旺，实在应当归功于来此地的中国人所付出的辛勤劳动。"但自19世纪70年代以来，美国面临着经济危机的威胁，工厂大量倒闭，失业人数剧增，罢工运动持续高涨，使得仇视华工的种族主义迅速抬头。美国政府相继制定、修改有关华工的法案，对华工进行无理限制。在美国当局的纵容下，种族主义分子更是有恃无恐，排华运动一浪高过一浪，这使得广大华工惨遭迫害，财产被抢，住房焚毁，甚至被戮尸街头。旧金山是美国华人最为聚集的地方，自然也就成了矛盾最集中、冲突最激烈的地方，虐待、迫害、残杀华工的事件层出不穷。

黄遵宪作为中国驻旧金山总领事，其面对的首要职责就是抵制排华浪潮，保护华工的合法权益。但是他面临的难度空前巨大，有一次一位种族主义分子甚至用手枪指着他和他的同僚，恶狠狠地威胁说："如敢引华人入境，当以此相赠。"艰难的处境并没有让黄遵宪害怕和退缩，相反更加强烈地激起了他的民族自尊心。他不顾个人安危，日夜操劳，在自己的职责范围内尽最大可能与美国政府交涉。

其一，通过法律和外交途径控诉驳斥《排华法案》，抵制排华势力。《排华法案》严重损害了华人的权利，旧金山海关等部门的官吏更借此虐待华人。在律师的帮助下，黄遵宪根据《中美续修条约》的相关规定及美国的有关法律，积极与美国当局进行交涉。同时，他不断致函当时的驻美公使郑藻如，痛陈利害。由于黄遵宪屡次依法交涉，美国司法总长最后不得不函告外交部，宣布《排华法案》的相关规定失效，控驳行动最终获胜，令黄遵宪感到欢欣鼓舞。为了进一步保护华侨的人身安全，方便其出入境，黄遵宪积极向驻美公使郑藻如建议设立华工护照制度，从此华工出入境可以通行无阻。护照制度的实行，使华工的安全获得了法律的保护，维护了广大华侨的切身利益。

其二，积极与美方进行交涉，全力保护华侨利益。来美华工除了从事开矿筑路、经营餐馆外，主要以洗衣为业。排华浪潮中，美国当局利用各种借口对华侨洗衣馆多方刁难，甚至出现抢劫、烧毁华人洗衣馆的事件，对华工的就业和生存都造成了严重的威胁。针对这种情况，黄遵宪从维护华侨利益出发，对于其中的合理规定，敦促华工予以遵守；对于不合理的苛例，则延请律师，通过法律途径进行交涉。在黄遵宪的交涉下，华侨洗衣业得以维持下去，广大华工对此感激不尽。华侨居住区由于管理不善，卫生条件很差，治安状况也相当混乱，这为美国种族主义分子排斥华工提供了口实。加州政府当局就以控制华人区的卫生条件为理由，发布关于居民区的房屋和卫生管理条例，规定住房不达"五百方尺空气"的卫生标准者，将被处以罚款、监禁，并默许城市官吏运用高压甚至暴力手段对华人进行管理。华工大多是贫苦人家，背井离乡到异邦求生存，其面临的困难可想而知，因此几十人挤一个房间的现象很普遍，加州政府当局就以违反"方尺空气"条例为理由，对华工进行罚款、监禁。对此，黄遵宪一方面强对旧金山华人社会的整治和管理，一方面积极与美方交涉，替华侨伸张正义。他亲自跑到狱中，看到华工被关在拥挤不堪的监狱里，卫生条件极其恶劣，便令随行人员丈量了监狱的面积，当场厉声质问美国官吏说："这里的卫生，难道比华工的居所更好吗！"美国官吏理屈词穷，无言以对，只好将关押的华工全部放走。此后，在黄遵宪等人的多次交涉下，"方尺空气"条例最终被废除。

其三，大力整顿华侨会馆，调节华人内部矛盾。华人的宗族观念和乡土观念很强，出于生存竞争的需要，入美华人纷纷自发组织起各种性质的会馆。当时旧金山华人会馆派系众多，不同会馆之间矛盾重重，不时发生争斗，有时甚至出现聚众械斗的情形，极大损害了华人的形象。同时，由于这些会馆章程不完善，组织者良莠不齐，一些会馆徒有虚名，甚至从中渔利、中饱私囊。会馆只知道向华侨收取会费，却很少为会员提供服务，在广大华侨中名声不佳。这种情况被当时排华的种族主义者所攻击，华侨会馆被讥讽为"贩佣之所"。鉴于此种现状，黄遵宪积极采取措施大力整顿华侨会馆，一方面，与会馆的各董事商议，设立会馆章程，责成他们按章程秉公办事；另一方面，积极调解会馆内部的矛盾，合并会馆，组成统一的中华总会馆。黄遵宪亲自为中华总会馆拟定章程，并请求驻美公使郑藻如将章程照会美国外交部，以求得到法律保护。在黄遵宪等人的努力下，华侨会馆面目一新，为增强华侨的凝聚力，促进华侨的团结互助发挥了积极作用。

黄遵宪与美国排华势力所进行的交涉和斗争是艰难而卓有成效的。为了保护华侨的权益，他对美国社会和华人社会都进行过深入细致的调查研究，接触到域外世界的另一种社会规则。运用法律手段控诉排华法案的胜利，让他对美国社会三权分立、以法治国的本质特征有了初步了解；美国种族主义者的飞扬跋扈与华工的悲惨遭遇所形成的鲜明对照，又使他认识到世界不同国家、不同种族之间的竞争规则是"弱肉强食"。这些经历都给黄遵宪留下了极其深刻的印象，对其思想的触动很大。

现实的刺激促使黄遵宪对西方资本主义的政治制度、社会运行规则进行深入研究，而其关注的焦点首先聚集在美国的法律制度上。在与排华势力作斗争的过程中，黄遵宪曾经多次聘请律师代理有关案件，因而对美国的法律制度接触最多，体会也最为深刻。在律师的帮助下，黄遵宪积极运用法律手段维护华人权益，打赢了不少官司，为华人挽回了权益，在这个过程中他逐步认识到法治优于人治，因而对于美国三权分立的法律制度予以充分肯定。另一方面，更可贵的是，黄遵宪还认识到美国的法律制度并非十全十美，在具体运作中同样会出现贪赃枉法的弊病。黄遵宪自始至终都是以批判的眼光来看美国政治制度和法律制度的，他对西方国家法律制度研究之深入，在同时代的外交活动家和政治改革家中是罕见的，这些经历也对其法治思想的形成起到了关键作用。

黄遵宪对于美国的政党政治和民主选举也有亲身体验，这种非同寻常的经历对他的政治思想的转变产生了极大影响。1884年11月，美国合众党（即后来的民主党）、共和党竞选总统。黄遵宪以极大的热情关注这场民主选举活动，他用长篇叙事诗《纪事》真实生动地"报道"了整个选举过程。这届总统选举在美国历史上声名狼藉，有美国历史学家指出："1884年总统选举的基础是人身攻击，而不是政治争端。污辱、诽谤和丑闻使此次竞选在政治上成为美国历史上最肮脏的竞选。竞选期间，讽刺漫画成为广泛采用的手段，并产生深远影响。"黄遵宪目睹了这场闹剧的种种丑态，惊异地洞察到民主共和政体的种种弊病。

种种怪事的层出不穷，让黄遵宪在思想上进行了深刻的反省。这难道就是自己曾经追慕的民主共和政体吗？这就是世人所追求的自由、民主吗？黄遵宪深深感受到，美国虽号称"民主之国"，但与他理想中的"太平世"却有着相当大的差距，他对美国为代表的民主共和制度的憧憬不禁怅然若失。一直到晚年，黄遵宪与梁启超探讨中国应当采取何种政体问题时，对美国式的民主共和政体依然敬而远之，他认为这种民主制度并不适合民智未开的中国。这是黄遵宪思想又一次发生重大转变的明显特征。

1885年9月，黄遵宪驻旧金山总领事任期已满，解任回国。

薛福成手稿

他乘海轮横渡太平洋，取道日本，驶向香港。此时正值中秋佳节，头上是一轮当空明月，清辉四溢，脚下是烟波浩渺的太平洋，茫茫无边。此情此景，触发了诗人的情思，他写下了《八月十五夜太平洋舟中望月作歌》等诗作，真实地记录了一个走向世界的近代诗人独特的体验和感悟。黄遵宪自1877年离开家乡出使日本，漂泊异国将近8年，如今很快就能踏上祖国的土地了，"近乡情更怯"，更何况他抵达国门的第一站是香港，这块早已沦为他国殖民地的岭南山水。山河依旧，物是人非，使他不禁感慨："水是尧时日夏时，衣冠又是汉官仪。登楼四望真吾土，不见黄龙上大旗。"10月，黄遵宪由香港抵达广州，途经肇庆，前往广西梧州探望离别多年的父亲。时值中法战争期间，父亲黄鸿藻正在梧州办理厘务。但是，他此次回来却再也见不到母亲，因为他的母亲吴太夫人已于1883年初在梧州去世。那时候黄遵宪正在旧金山总领事任上，由于国事无暇，不能回家奔丧，成为了终生的遗憾。不久，他从梧州返回嘉应，回到阔别多年的家乡。在家乡期间，他闭门谢客，增补修订，经过两年时间的努力，将《日本国志》重新编纂修订，终于在1887年6月完稿，其中融合了黄遵宪在美国接触到的新思想、新观念。1888年11月，黄遵宪带着书稿，途经广州、上海，北上京师。直至1889年5月，清政府任命薛福成为出使英、法、意、比四国大臣，经人大力举荐，黄遵宪被任命为驻英二等参赞，再度出使。

西渡英伦

1890 年 1 月 31 日（光绪十六年正月十一日），薛福成率代表团一行自上海乘法航轮船西渡，黄遵宪则约定于香港守候。2 月 5 日，黄遵宪由嘉应抵达香港，与薛福成一行会合，登船同行。

等候期间，是黄遵宪第四次踏上香港这块英属殖民地，别有一番滋味在心头。早在 20 年前，年仅 23 岁的黄遵宪第一次游香港时，他就对号称"日不落帝国"的英国产生了浓厚的兴趣，现在他终于获得了对大英帝国进行实地考察的机会，这令他十分欣慰，充满了期待。然而宦海沉浮中的坎坷经历又让他感到忧愤不平和无可奈何。1877 年，正当"而立之年"的黄遵宪以二等参赞的身份随使日本时，"浩浩天风快送迎，随槎万里赋东征"，那种欢快之情溢于言表。然而时隔 13 年，黄遵宪已经过了"不惑之年"，尽管其外交才能已经在日本和美国发挥得淋漓尽致，但仍只能以二等参赞的身份随使欧洲，岁月已逝，而功名依旧遥远，这种挫败感怎么能够不让他郁闷。"龙旗猎猎张旐去，徒倚阑干独怆神。"黄遵宪登船之际的感伤与失落，可见一斑。

怀着惆怅，黄遵宪开始了自东向西随使欧洲的路程。使团一行途经安南西贡、新加坡、锡兰岛、红海，过苏伊士运河，进入地中海。一路上，黄遵宪欣赏沿途风光，考察风土人情，写下了"沧海归来伏著书，平生豪气未全除"，"班超投笔气

湖广总督张之洞

如山，万里封侯出玉关"此类诗句，流露出他并没有向命运屈服，希望能够建功立业的雄心壮志。一个月颠簸之后，使团一行于3月6日达到法国南部的马赛港，稍后转往巴黎。他们在巴黎访问了国会上议院和下议院的领袖人物，又和驻法公使进行接触，接着横渡英吉利海峡，抵达了英国伦敦。5月5日，黄遵宪随薛福成前往温则行宫①拜谒英国女王维多利亚，呈递国书，正式开始了他在英伦三岛的外交生涯。

在英国的外交生活，却有非常多不如意。使馆外交事务繁杂，但重要事务包括上行奏疏一律由薛福成负责处理；平行之文，如与总理衙门及南北洋沿海督抚往来的书函公文，则有许珏负责处理；黄遵宪只负责处理下行文批及例行文牍。黄遵宪笔墨简练，闲散无聊，很有郁郁不得志的感觉。这和他当年在日本期间的公务繁忙、诗文唱和的状态有天壤之别。再加上伦敦天气湿冷多雾，使他感到很不适应，后来所患的肺病就在这时候重下了病根。长年漂泊在异国他乡，加上自身的苦闷，时常使他流露出思乡之情，这些都在这时期所作的诗文中有直接的体现。

虽然工作上郁郁寡欢，然而在对黄遵宪这样一个心怀天下的杰出外交活家而言，不可能就此沉沦。在英国期间，他详细

---

① 温则行宫：即英国王室温莎王朝的宗族城堡温莎堡。

考察了英国的君主立宪政体，尽管他的思想有这样或者那样的局限，然而在对时代潮流的认识方面却体现了他的独到眼光，这得益于黄遵宪丰富的外交经历和世界经验。通过对于英国政治体制的详细考察研究，并将之与美国的民主共和政体比较，最后发现中国的国情与英国相似，更适宜施行代议制的君主立宪政体，因此他主张中国的政体改革应该以英国模式为效法对象。这些变化表明黄遵宪的政治思想更加成熟，并且显示出他个人的特色。自此以后，在中国建立君主立宪政体成为了黄遵宪毕生追求的政治理想，也成为他后来积极参与维新变法运动的行动指南。

驻英期间，尽管黄遵宪在外交工作上有些不得志，但却并非对时事漠不关心。1889 年（光绪十五年），时任两广总督的张之洞想创办炼铁厂，委托出使英国的大臣刘瑞芬向英国赛德公司订购炼铁设备。不久，张之洞调任湖广总督，炼铁厂也随之迁至武汉汉阳，并由其幕僚蔡锡勇负责具体筹办工作，而订购机器的任务则转交给黄遵宪。黄遵宪对于汉阳铁厂的开设寄予厚望，屡次致信蔡锡勇提出自己对于发展民族工业的意见。同时，黄遵宪也认识到了创办炼铁厂、兴办工业绝非易事，在此过程中必须解决好设备购买、转运、装机等难题，同时也必须应对好产品制造、市场竞争以及应付国内各种人际关系的困难。为此，黄遵宪亲自参观了英国的炼铁厂，对其生产过程进行了实地考察，对炼铁厂的厂址选择、设备订购、工人训练、产品运送等方方面面的工作头提出了细致可行的建议。由于炼铁厂必须采用当时最先进的机器设备，所以具体的安装操作都需要详细考虑。另外，由于中国近代民族工业的水平远远落后于欧美大工业国家，因此需要在国内实行扶持保护政策，促进国内民族工业的发展，达到发展工业进而保护利权的目的。黄遵宪批判了自19世纪60年代开始的洋务运动，认为洋务运动以军事工业作为发展重点、以强兵为目标从根本上说属于"病急乱投医"，皮之不存，毛将焉附，如果没有发展充分的国内工业基础，不可能实现军事工业的真正提升。因此他明确提出了发展民族工商业是中国实现富国强兵目标的必由之路。这一思想与郑观应、薛福成等人极其相似，薛福成就曾经提出过"商战"之论。由是观之，黄遵宪与通常被称作"早期维新派"人物的王韬、郑观应、薛福成等人在发展思想上是一脉相承的。当然，随着黄遵宪后来积极参与维新变法运动，并没有在上述思想中故步自封，而是与时俱进，根据中国当时的具体实际调整变化。

自撰《诗草》

黄遵宪在驻英国伦敦期间，常常闲暇无事，只能将当时的郁闷心情寄托在诗歌中。在此期间，除了重订《日本杂事诗》以外，也开始编辑诗稿——《人境庐诗草》。就此事他曾经对梁启超说：四十岁以前所作的诗大都是随手存放，大多散落遗失。随使驻欧洲期间，"愤时势之不可为，感身世之不遇"，于是荟萃诗文，编成《诗草》，聊以自慰。此次编辑，黄遵宪自己说大概有二三百篇。从诗的写作时间来看，大概截止于1891年8月结束伦敦参赞之职回国之际。

在《人境庐诗草》的序言中，黄遵宪提出了自己有关诗歌创作的指导思想和创作方法。针对当时诗坛蔓延的复古主义思潮和靡靡之风，他主张诗歌首先应当反映社会现实，同时也必须表达出作者内心的真情实感。当今社会不同于古代社会，当代人对现实社会的感受与古人也截然不同，因此诗人作诗千万不能模仿古人，概括说就是"我手写吾口，古岂能拘牵"。

通读《人境庐诗草》，不难看出，黄遵宪的诗歌理论在他的创作实践中基本得到了贯彻。他反对摹拟古人，提倡"我手写吾口"和用"流俗语"（方言、谚语）入诗，主张把诗歌从士大夫阶层的书斋中解脱出来，这对于后来"五四"时期的白话文运动有直接影响。黄遵宪因此也赢得了晚清"诗界革命"旗手的称号。有关《人境庐诗草》的详细内容，将在本书第五章详细介绍，此处不再赘述。

星洲领事

新加坡旧称为新嘉坡、星洲或星岛，别称狮城，是东南亚的一个岛国，位于马来半岛南端，毗邻马六甲海峡南口。近代以来，新加坡凭借得天独厚的地理位置逐渐发展起来。新加坡所在东南亚地区被当时的中国称为"南洋"，是华侨重要的聚集地之一，直到今天，汉族仍占新加坡人口的70%以上。

南洋华侨和近代中国有非常密切的联系。自15、16世纪开始，南洋各岛先后沦为荷兰、葡萄牙、西班牙、英国等欧洲强国的殖民地。中国人尤其福建、两广一带居民向南洋迁徙，从明朝初年已经形成风气，此后更是络绎不绝。19世纪以后，随着大量华人到海外谋生，南洋诸岛成为华侨聚集之地。但由于清政府长期实行"海禁"政策，对于海外华侨采取仇视态度，严加防范，海外华侨在受到当地殖民主义政府欺压的事，也无法得到来自本国政府的保护。

这种情况引起了当时国内有识之士的关注。1875年（光绪元年），郭嵩焘奏请在新加坡、旧金山设领事，以加强对海外华人的保护。1877年，中国开始在新加坡设立领事馆，这年10月5日，新加坡政府公报承认华社领袖胡璇泽（也称胡亚基）为中国领事。1880年3月，胡璇泽病逝，驻英公使曾纪泽委派其翻译官左秉隆继任，成为在第一位由中国政府派来的正式领事，任期1881年至1891年。

1890 年（光绪十六年），北洋水师提督丁汝昌奏请总理衙门将新加坡领事改为总领事。总理衙门接受了丁汝昌的建议，并责成驻英公使薛福成与英国政府商议。经过一番周折，英国政府最终同意。总理衙门于 1891 年 8 月决定将新加坡领事改为总领事，薛福成奏请将黄遵宪调任新加坡总领事。9 月，黄遵宪离开英国伦敦赴任，离开雾都伦敦，终于看到了久违的灿烂阳光，笼罩在黄遵宪心头的阴霾一扫而净。

离开伦敦后，途径巴黎，乘风破浪，入地中海，穿苏伊士运河，越红海，横渡印度洋，于 11 月 1 日抵达新加坡，正式走马上任。刚上任不久，黄遵宪就因为父亲黄鸿藻在 1892 年 1 月 26 日（光绪十八年十二月二十七日）去世而告假回家治丧，至 5 月假满，才重新回到新加坡。

南洋各岛是华侨聚居的地区，据黄遵宪当时估计，华侨数不下一百万。黄遵宪调任新加坡总领事后，随即巡查南洋各地情形，了解所辖各岛侨民的疾苦。通过深入的实地调查，黄遵宪对南洋华侨的经济状况、工作状况、生活习俗，以及与内地相关涉的治安问题，如海船走私、引渡逃犯、拐卖人口、会党寻仇、劫杀归侨、偷盗抢劫等都有了基本的了解，他将有关情况向驻英公使薛福成作了详细的汇报，并请薛福成将此情况转奏总理衙门，设法革除积弊。薛福成对黄遵宪的工作大为赞赏，称其文字清晰、工作细致。黄遵宪又根据南洋的具体情况，建议在几个华侨集中的地方设立副领事，归新加坡总领事统辖，以切实保护华侨利益。经过薛福成的交涉商议，槟榔屿、大小白蜡副领事相继设立，大大加强了清帝国对南洋各地华侨的管理，使得大小白蜡和吉隆地区成为实质上的华人自治区，使华侨的工商业一度摆脱了殖民掠夺，促进了南洋一带华人经济的发展。

为了确保华侨的正当权益和生命财产安全，协调外洋领事与内地长官的关系，黄遵宪还将他在旧金山为华商颁发护照的做法推广到了南洋各地，创立了"归侨护照制度"。他将新加坡的华侨姓名和地址登记入册，制成护照，发给华侨，这是南洋地区最早的护照制度，"乃中国保护华侨之首倡"，是"公度先生在总领事任内最值纪念之政绩"。然而，黄遵宪保护华侨的做法却被当地殖民政府指责为越权之举，英国"华民政务司"总督对黄遵宪更是大为不满，诬陷黄遵宪贪污受贿。更令黄遵宪没有料到的是，这个隐患竟成为他日后仕途的一大障碍。

黄遵宪在处理南洋华侨的事务中，逐渐认识到要想从根本上保护华侨，必须废除"海禁"政策。清朝初年，郑成功据守厦门、台湾抗清，失败后，福建等沿海人民纷纷逃亡南洋各地。为了防止内地人民与海外华人联合反清，1647 年（顺治四年），清政府在《大清律》中明文规定了凡是私自出海贸易或者迁居海岛居住耕种者，均以通贼问斩。此后，"海禁"成为清帝国坚持的严厉的对外政策。而地方上的土豪劣绅则更是依仗"海禁令"，公然污蔑华侨是"海盗"，扣上"通番"的罪名，对于返乡华侨进行敲诈勒索，致使华侨不敢回国返乡，成为实际上的"海外孤民"。直至19世纪60年代，清政府与美国签订了《蒲安臣条约》，准许华人出洋谋生，"海禁"状况才稍微改善。但由于条约对于华侨归国并无明文保护，华侨的处境并没有根本的改善。

出于对海外华侨悲惨遭遇的深切同情，黄遵宪于1893上书禀报薛福成，请代为上奏开海禁。他指出，南洋华侨人数超过一百万，经济实力雄厚，而且大部分华侨都有一颗强烈的爱国心，虽长年旅居海外，仍然恪守华夏之风，常常为国内赈灾捐献巨款，只是因为国内贪官劣绅仗海禁条例对归国华侨大肆勒索，才使得华侨不想回国。为了坚定海外华侨的内向之心，黄遵宪呼吁革除旧例，使华侨"往来自便"。1893年6月29日，薛福成根据黄遵宪的报告和建议，向总理衙门上疏痛陈利害，希望废止海禁政策。1893年9月13日（光绪十九年八月初四），总理衙门向光绪皇帝奏报，光绪皇帝看后批示"依议"。至此，自清初以来实行200余年的"海禁"政策终于被废止，南洋数百万华侨为之欢欣鼓舞。这是华侨发展历史上的一座里程碑，对于加强华侨合法利益的保护，促进华侨和祖国内地的联系都有重要意义。薛福成和黄遵宪在其中所起的关键作用，长期以来一直受到广大华侨的感念。黄遵宪在新加坡总领事期间还大力提倡风雅，以振兴学术为已任，促进了南洋文教事业的发展。

黄遵宪作为近代中国走向世界的外交活动家，坚持"伸自主之权，保公众之利益"的立场，为维护国家主权、保护海外华侨权益、促进中外文化交流等方面都作出了卓越贡献。他在处理外交事务中表现了强烈的历史使命感、爱国主义精神和世界意识，充分体现了一位爱国外交官的职业操守和精神境界。夏衍先生对黄遵宪的外交业绩也给予了高度评价："黄遵宪出使日本、欧美，正值清廷内外交困、日趋崩溃的前夕。作为一个弱国的外交官，他的处境是十分困难的。但他一方面以不卑不亢的精神，为保卫国家主权、保护海外华侨作出了显著的成就；另一方面，他又以豁达的态度、平易的作风，和驻在国朝野人士（上至王公、下及庶民）进行了广泛的接触，孜孜不倦地对欧美、日本现实的各个侧面作了详尽的了解。日本历史学家称誉他是有清一代最有风度、最有教养的外交家；美国侨胞对他的保卫侨胞权益——特别是他任劳任怨地劝阻华侨械斗这一件事——至今惦记不忘。"这个评价是中肯的。

通过以上叙述，我们可以清楚地看到，长达十数年四处辗转的外交生涯对黄遵宪的思想发展产生了深刻的影响。在驻外期间，黄遵宪的思想大致发生了三次大的转变：第一次转变发生在驻日本期间，黄遵宪从出使之前的经世致用到随使日本初期对明治维新的困惑怀疑，再到受到西方资产阶级政治学说的影响而改变心志，逐步挣脱传统经世思想的束缚，向往西方的民主制度；第二次转变发生在驻美期间，黄遵宪通过对西方政治制度和民主选举的实际考察，认为美国式民主制度不能在民智未开的中国实行，自身的民主共和理想也随即破灭；第三次转变发生在驻英期间，黄遵宪通过对英美两国政治体制的对比分析，认为中国政治应该以英国为样板进行改革，建立开明君主立宪制度。黄遵宪回国后，将后半生致力于变法改革，根本目标就是在中国建立起英国式的君主立宪制度，实现中国的独立富强。正是在这个意义上，有学者认为："黄遵宪在中国近代史上，是个以革新著称的人，是少数要从国外找到拯救国家危局思想的士大夫中的一个。"

外事奔走

1894 年甲午战争爆发，两江总督张之洞电奏将黄遵宪从新加坡调回国内。这是黄遵宪政治生涯的一个重大转折点，自此以后，这位在晚清外交领域卓有建树的参赞官，结束了长达 12 年半的海外游历，开始活跃于国内的政治舞台。

黄遵宪是晚清最早一批走向世界的外交官员，亲历过日本明治维新运动，目睹过美国民主制度下的总统选举活动，深入考察过英国的君主立宪政体，游历之广泛，见识之博大，在同时代人中实属罕见。当黄遵宪从海外归来，以一种世界眼光审视国内政局时，感到时局混乱、民生凋敝，对此极为痛心。由于长期受到欧风美雨的熏陶感染，加上自身豪迈的诗人气质，黄遵宪并不介意国内官场上复杂微妙的人情世故，当他在江宁（今南京）拜见两江总督张之洞时，并不唯唯诺诺、阿谀奉承，而是昂首挺胸，滔滔不绝。这种个性对其仕途自然不无影响。可能正是因为这样的原因，黄遵宪最终只被派任江宁洋务局总办，负责办理当时江苏、江西、浙江、湖南、湖北五省发生的教案。

从19世纪40年代开始，西方传教士跟随列强的坚船利炮涌入中国，最初只在通商口岸和沿海地区活动，《天津条约》和《北京条约》签订后，传教士纷纷进入内地，依仗其享有的各种特权和列强势力的支持，在传教过程中作出了很多过激行为，与当地民众产生了尖锐的对立。由于民教之争而酿起的教案愈演愈烈，到了19世纪70年代至90年代期间，教案已经成为令清政府十分头痛的严重社会问题，而办理教案也就成为了各方官吏感到十分棘手的事务。1895年春天，黄遵宪与法国驻华公使施柯兰谈判，开始着手解决江苏省的教案问题。在谈判交涉中，黄遵宪充分展示其过人的外交才能，他坚持通过法律手段解决问题，依据事实和情理，对对方的武力讹诈予以驳斥，对其合理要求则尽量满足，到了1896年夏秋之间便将江南地区压积多年的教案全部清理完毕。平息了民教之间的矛盾，维护了国家权益和外交稳定。黄遵宪回国后的首次亮相就表现不俗，引起各方关注。几个著名大臣纷纷上书保荐，最后光绪皇帝下谕旨准许将黄遵宪仍然留在两江，负责对外事务的交涉办理。

正当黄遵宪奔走江南各地处理教案期间，时局又发生了重大变化。1895年4月，被委任为清政府"全权代表"的李鸿章在日本马关春帆楼被迫与日本政府签订了丧权辱国的《马关条约》，大大加深了中国半殖民地化的程度，使得中国的民族危机更加严重。《马关条约》是近代以来最为屈辱的不平等条约，充分暴露了清政府的腐朽，举国震惊。黄遵宪虽然早在驻日期间就对日本称霸的野心有所察觉，但《马关条约》签订的消息传来，让他仍觉得如晴天霹雳。面对山河破碎、国家沉沦，黄遵宪内心的痛苦无以复加，他甚至想"批发入空山"来躲避尘世的纷扰，因为他实在不忍心看到国家沦落成这个样子。

《马关条约》签订后，中日双方为通商口岸的开埠事项进行具体谈判交涉。黄遵宪被南洋大臣刘坤一委派为主持苏州开埠谈判，与日本著名外交家珍田舍己进行了半年多的交涉，谈判中坚决否定了日方将苏州辟为专管租界的无理要求，在国家利益和司法主权方面寸土必争。他之所以这样做，是因为他对治外法权制度给中国社会带来的危害有深刻认识。在《日本国志》中，黄遵宪曾经详细考察了治外法权制度，充分认识到这一制度对于主权国家的巨大损害，并因此提出了逐步收回治外法权的基本策略。然而，清政府在日本的压力下废弃了黄遵宪的全盘议案，苏州最终沦为日本专管的商埠。尽管黄遵宪在其中尽了最大努力，但最终还是功亏一篑，而其交涉、奔走的辛苦从此以后鲜为人知。

在对外的交涉谈判中显得游刃有余的黄遵宪，在国内官场中却十分不如意，最主要的原因可能是他自身的恃才自负。黄遵宪回国后奔走江南的一年多时间里，虽然在处理教案和对外谈判等方面都是兢兢业业，功绩有目共睹，但"木秀于林，风必摧之"，在当时的江南官场中被很多人嫉妒愤恨。孑然一身、孤高傲立的黄遵宪，身在蝇营狗苟的江南官场中，屡遭排挤、打击和冷落则是意料之中的事。这些遭际都深深刺激了黄遵宪。尤其是苏州开埠谈判中他尽心竭力想为国家挽回利益却遭到非议，而国家的现实状况又让他忧心如焚。在与盛宣怀的信中谈到苏州谈判，黄遵宪一腔悲愤，国家如此软弱，实在让人寒心，而士大夫们对于世界大势毫不知情，坐井观天，故步自封，因此与几个志同道合的朋友一起筹款办报，希望能够帮助唤醒民众、启发民智。（原文为："国势孱弱至此，念之实为寒心。中国士夫暗于时势，真不啻十重云雾。现与同志数人捐资设一报馆，冀为发聋振聩之助。"）在中日两国国势强弱的对比与较量和自己的官场遭遇中，黄遵宪激发起了强烈的救国热情，更加坚信了他当年在日本期间提出的中国欲强，必须学习西方的主张。随着晚清改革思潮的兴起，黄遵宪将一腔热情转向变法运动的洪流，积极参与维新改革，为中国的自强付出了下半生。

第四章　知命新声
——尧天到此日方中，万国强由法变通

尧天到此日方中，万国强由变法通。

惊喜天颜微一笑，百年前亦与华同。

——黄遵宪《人境庐诗草·己亥杂诗》

黄遵宪是晚清改革运动中的弄潮儿，有着启蒙思想家和政治改革家的双重身份，黄遵宪在戊戌变法运动期间的巨大作用主要体现在了两方面：一是理论上大力提倡"日本模式"，通过《日本国志》和《日本杂事诗》介绍了明治维新的成功经验，为晚清改革思潮的兴起提供了重要的思想资源；二是他以自己丰富经历和鲜明个性，在戊戌变法运动中扮演了非常独特的角色，尤其是对维新运动的理论喉舌——《时务报》和维新运动的具体实践——湖南新政，贡献巨大。

《时务》创刊

1894 年的甲午战争后，学会、报刊纷纷涌现，为晚清改革思潮的涌起推波助澜。康有为因领导了"公车上书"一跃成为倡导变法的核心人物。在他的上书屡遭封杀而无法上达皇帝之后，开始改变策略，用开会的方式将改革思想传达给各界同仁，准备组织学会，创办报刊，号召天下。1895 年 8 月，由梁启超主编的《万国公报》问世。不久，康有为在京师受到排挤而南下，游说两江总督张之洞赞助在上海成立强学会。11 月中旬，康有为拟定《上海强学会章程》，正式组织上海强学会，同时创办《强学报》。当时的黄遵宪正在主持苏州开埠事务往来于上海、南京之间，对于强学会的成立深表赞同，并请人代为签名加入上海强学会。这是黄遵宪真正加入维新变法运动的开始，是其人生的又一个重大转折。

在民族危机日益深重的艰难背景下，以天下兴亡为己任的知识分子群体通过学会凝聚起来，通过报刊抨击时政，呼吁变法自强，这无疑对于现存统治者的权威提出了挑战，清政府当然不会放任自流。1896 年 1 月，上海强学会和《强学报》遭到弹劾，被封禁。在强学会解散后，大家在一起商讨对策，策划创办一份新报刊，这就是戊戌变法期间名震海内的《时务报》。

为了办好《时务报》，黄遵宪等人共同商议邀请当时在京师的梁启超来上海担任报馆主笔。四五月之交，梁启超抵达上海，黄遵宪得以认识这位才华横溢的青年才俊，两人很快结成了忘年之交。

经过各方努力，1896年8月9日（光绪二十二年七月初一），《时务报》正式创刊。报纸以旬刊的形式面世，石版印刷，版面清晰美观。《时务报》的出版发行，成为维新思潮走向全面高涨的重要标志，直到1898年8月8日停刊，《时务报》一共出版了69册，几乎贯彻了整个戊戌变法运动始终。

《时务报》发行后，在国内立即引起强烈的反响。其影响很快超过了由英美传教士主持的老牌《万国公报》，一跃成为晚清改革思潮中的弄潮儿，有力地推动了维新思潮在全国范围内的传播和发展。

就在《时务报》如日中天、风行海内之际，报馆内部却传出了不和谐的声音。由于思想理念、学术取向、现实利益乃至个人性格等各种因素纠缠在一起，《时务报》创办之初的主要负责人黄遵宪、梁启超、汪康年之间逐渐出现了裂痕，此后康有为等人的介入使得事态更加不可收拾，矛盾愈演愈烈，最终导致这份盛极一时的办刊毁在了创办者们自己的手里。由于每个人都有自己的办报理念，互不相让，中间又缺乏有效的调解和沟通，导致《时务报》后期发行量急剧下降。就在报馆内部斗争不可开交时，发生了戊戌政变，清政府下令缉拿康有为、梁启超，责令停办《时务报》，至此，这份维新时期最具影响力的报刊彻底退出了历史舞台。

《时务报》之争是戊戌维新运动中的一场悲剧。康有为、梁启超作为维新运动的核心人物，在这场争夺战中却表现得并不那么光彩，甚至有党同伐异之嫌；黄遵宪尝试将西方民主制度移植到报馆发展中来，其思想是超前的，但具体操作中却有威权主义的倾向；汪康年的做派仍然是典型的传统士大夫，尽管思想中有先进的一面，他亲自参与创办了《时务报》，然而却亲手毁掉了《时务报》，可谓"成也萧何、败也萧何"。这场发生在倡导变法图强的维新派之间的内讧，没有最终的赢家，相反却使得维新阵营内部急剧分化，对整个维新运动的发展产生极其恶劣的负面影响，这一事实令许多维新志士痛心疾首。严复对此事惋惜不已，认为这些人都是一代才子、著名人物，"为何同样以维新自强、救国救民为己任的同志却首先同室操戈。而想到大家所争的不过区区一万多资金和捐款，一万多张报纸的销售权利而已"，不禁令人感到寒心。"大家如此做，难道不觉得与自己之前救亡图存的言论有相悖之处吗？以变法维新为宗旨的《时务报》尚且成为天下人的笑柄，那文明进步什么时候才能到来呢？与四位才子之间的争斗相比《时务报》不算什么，而与中国人心世道的恶劣相比，四位才子之间的争斗又算得了什么？西方人认为人心没有改善，一切变法改革都是徒劳的，偶然见到，不以为然，今天的争端才让人觉得西方人说得并非没有道理。"严复因此感叹道:"维新之事自此废矣!"这种预见何其犀利。曾任《时务报》书记和校对的王国维也表达了类似感慨,认为近代以来的士大夫中不乏有才之人,然而对于学术意见的差异则非常顾忌,稍有不和之处,立即势同水火,每天都在高呼"合群"但自己却从不"合群",私心膨胀竟然到如此地步。

从另外一个角度看来,《时务报》之争从一个侧面折射出近代中国知识阶层自身的矛盾和局限,并没有完全摆脱那种"文人相轻"的思维圈套,这或许正是戊戌变法运动失败的根本原因,也表明了中国社会转型和国民性改造的任务依然艰巨,中国走出中世纪、走向近代化的道路仍然还很漫长。但是毋庸置疑的是,《时务报》在它存在的两年时间里,为戊戌变法和近代中国的思想解放运动做出了巨大贡献。而黄遵宪对于《时务报》创办无疑是功不可没的。

湖南新政

《时务报》发刊后不久,黄遵宪于1896年9月中旬奉旨入京。10月,光绪皇帝以特旨召见了黄遵宪。此次召见,使黄遵宪一生引以为荣,光绪皇帝本想委派他为出使英国或德国,不料相继遭到对方拒绝,这让黄遵宪非常沮丧。1897年7月,经由翁同龢推荐,黄遵宪被任命为湖南长宝盐法道,兼署理湖南按察使。

湖南本是湘军的老巢，守旧地主势力最为强盛和顽固的地方，但是早期维新派的先驱者魏源、郭嵩焘等人恰恰又是出生在这里，他们在湖南播下了变法改革的种子，因此湖南又是一个具有维新传统的地区。所以梁启超曾经说，湖南真守旧的人果然很多，但是真维新的人也不少。甲午战争的失败让湖南的维新志士们痛心过后决定奋起改革。另外，甲午战争期间，时任湖南巡抚的吴大澂所率领的湘军在北方抗日中惨败，令湖南士绅阶层触目惊心。当时的士兵大都是平息太平天国之乱的湘军将士的后代，因此，对于失败，湖南士绅阶层对民族危机的感受较其他省份尤为强烈。

"中国变法，自行省之湖南起。"康有为在戊戌变法期间曾经如此评价。1895年10月，倾向变法的陈宝箴赴任湖南巡抚。陈宝箴到任后，大力推行新政，开矿办厂，改革书院，发展文教。湖南新政取得了一定成效，但直到1897年下半年之前，新政措施仍然没有跳出19世纪60年代以来洋务运动的影响，主要局限在开矿办厂、修路造船等器物层面的改革。1897年7月，黄遵宪离开京师到达湖南。由于亲历过日本明治维新的影响，黄遵宪的到来使湖南的新政明显有了模仿明治维新的色彩，这是湖南新政发生重大转向的开始，随着徐仁铸、梁启超、韩文举、叶觉迈、谭嗣同等人相继到达湖南，湖南本地的唐才常、熊希龄、皮锡瑞等一大批人也纷纷汇集到陈宝箴门下，一时之间，英才荟萃。在这批维新志士的推动下，湖南经济、政治、文教等各

江鄉雲々憶隔遊見寫湘雲敷
葉秋今日俜魂寓秉去楮存遺
墨動人愁廣平舊作梅花賦永玉

心陽娅揩辭高士巖々前清賞見月
明竹外寓橫枝本江誰唱竹枝歌春
西瀟々隱竹々欲借淇園一竿々梅花

磯下釣寒波出海璈聊翠色新妍
絹春西洗芳塵夢回黠彥虛寫
月卻恡毫寫東興来拈筆寫

偕筆十日春陰不下雲襄度吟成
微醉後倚筇書舜自焚香

乙亥仁弟　白ㄴ

黄遵宪

黄遵宪书法

个领域都开始进行大刀阔斧的改革，湖南顿时成为全国最富朝气的一省。湖南新政期间，黄遵宪身兼数职，若干制度方面的变革，大部分都是在黄遵宪的指导下开展的，对于湖南新政贡献巨大。

1897年11月，时务学堂正式成立，这是湖南新政在文教改革方面的重要举措，黄遵宪就是主要策划者之一。废科举，兴新学，育人才，开民智，以造就维新自强的人才基础，是维新派当时提出的重要改革思路。1898年，曾任《时务报》主笔的梁启超追随黄遵宪来到湖南，承接时务学堂中文总教习的位置。这不仅仅是梁启超本人思想发展历程中的一大关键，而且也是湖南新政发生转向的重要标志——从原来兴办近代工业为主的器物层面的改革转向了以"民权"为指导的政教层面的改革。

时务学堂规模不算大，第一批招考录取的学生有40名，第二批有55名，然而其教育宗旨、教学内容、课程设置和教学方式都与旧式教育有天壤之别，其特点在以西洋的科学教育代替传统的词章教育。梁启超亲自拟定了《湖南时务学堂学约》，明确设定了时务学堂的教育宗旨、教学内容和教学方法。在教育宗旨上，强调"立志""养心""治身""读书""穷理""学文""乐群""摄生""经世""传教"十项内容，充分体现了维新派的教育改革思想和办学理念。在教学内容方面，时务学堂专门制定了功课详细章程，规定功课分为"普通学"和"专门学"两大类，强调中学与西学并举，对西学尤为重视，认为不读万国之书，就无法精通一国之书。在教学方法上，倡导教学相长，教与学融合，问与答融合，师生每日交流学习心得，相互促进启发。此外，当时的学堂不单单讲授学术，更重要的是宣传维新思想，为变法改革运动储备人才。这种变化是王先谦等守旧派人物始料未及的，也是后来湖南发生新旧之争的主要导火索。

时务学堂曾经以黄遵宪的《日本国志》作为教材，为梁启超等人宣传变法提供了重要的思想资源。黄遵宪在《日本国志》中认为，日本经由明治维新得以迅速崛起，很大程度上得益于明治志士们的奋发图强和献身精神。梁启超以明治志士们的事迹激励学生，这表明湖南新政从一开始就有意效仿日本的明治维新。时务学堂的设立对湖南新政影响巨大，民权、平等、改革等成为讨论话题，众声喧哗，湖南风气为之大变。这样引起了诗人、岳麓书院山长王先谦为代表的守旧派的激烈反对，新旧两派之间的矛盾变得日益不可调和，其影响已经超出了湖南一省的范围。在时务学堂的影响下，湖南省掀起了书院改制和创设新式学校的高潮，极大地推动了湖南教育改革的发展，对于全省风气的开放有着极大的推动作用。

1898年春天，梁启超因病离开了时务学堂，前往上海就医，接着赶赴北京。梁启超一走，湖南守旧派势力更加猖狂，迫于守旧派的压力，韩文举、叶觉迈等人也相继离开了湖南，时务学堂一下不复前日景象。戊戌政变后，时务学堂被改为求是学院，复课旧学。从 1897 年 11 月成立至 1898 年 11 月被撤销，时务学堂的存在了不过短短一年时间，但这却成为维新派试行西方政治教育的典范，培养了一大批人才，在中国近代教育史上占据着重要地位。时务学堂的高材生蔡锷、李秉寰、唐才常等人在戊戌变法失败后逐渐转向革命，在自立军起义、辛亥革命和讨袁运动中均有出色的表现，在中国近代政治运动历史中留下了辉煌的一笔。

在政治改革方面，其第一个重要举措便是设立南学会，黄遵宪也是其主要组织者之一。1898 年 2 月，南学会在长沙正式成立，其宗旨在于开启民智，联合知识群体，以此为实现救亡图存、变法自强的必由之路。南学会并不是单纯的学术组织，而是以促进"合群"、"自治"为目标，兼职学术演讲和参政议政功能的政治性组织。主要组织者黄遵宪从一开始就效法明治维新，赋予了南学会地方议会的色彩。尽管从表面上看，南学会以学术演讲为主，与西方国家的议院不能相提并论，然而能够看出维新派的改革意向已经开始深入到政治层面，这是近代改革思想发展中一次真正的跨越。在湖南新政期间，南学会是维新志士宣扬维新变法思想的重镇。除了巡抚陈宝箴、按察使黄遵宪亲自到场宣讲外，谭嗣同、梁启超等著名的维新人物纷纷登台，南学会成为学术性、政治性都比较浓厚的学会，对于普及新学、传播西方民主思想，宣扬变法维新，开启民智都发挥了重要作用。

除了主持南学会外，黄遵宪还积极组织不缠足会，其宗旨在于革除妇女缠足陋习。黄遵宪以按察使的身份多次发告示和批文，严禁妇女缠足，大胆宣传人权思想，积极提倡妇女解放。从今天看来，近代中国人权观念的出现，实际上开始于甲午战争后形成的女权思潮，湖南新政期间不缠足会的创立是中国近代女权思潮的实际表现，而黄遵宪作为中国近代历史中第一个从"人权"角度反对妇女缠足、维护妇女权益的政治改革家，在中国近代思想史上具有十分特殊的意义。

驻英期间，通过对于英国君主立宪的考察和对英美两国政治体制的比较，黄遵宪最终将建立君主立宪政体作为其一生的政治理想。"地方自治"是黄遵宪实现这一理想的必由之路，而保卫局的创设，就是他为实施地方自治构想的具体措施。通过对欧美各国政教的考察，黄遵宪认识到，民众的智愚决定民族文明的富强程度，换句话说，民族素质是立国之本。民族的富强必须以地方自治为根本，而要实行民族自治，首先要建立类似日本明治维新时期府县会议制度或西方国家的议会制度。然而，在民智未开的情况下，即使建立了地方议会，也无法发挥出类似西方议会制度的作用，于是黄遵宪从中国实际出发，主张首先"分官权"，推进地方自治，实行渐进式改革。在黄遵宪署理华南按察使后，深深感到地方自治对于新政的实施有非常大的影响，因此他在陈宝箴的支持下，联合其他同志，积极筹划创设保卫局。在督办保卫局的过程中，黄遵宪亲自精心拟定《湖南保卫局》章程，明确规定了保卫局由士绅商人出资、官方督办的地方自治机构，将西方国家的法治原则及民主原则运用到保卫局的具体管理中去。从形式上看，保卫局是仿照日本警视厅和西方国家的警察局而建立的，但实质上又并非完全照搬。黄遵宪充分认识到日本警察制度的不足，进而将西方国家三权分立的思想注入其中，其根本目的在于将近代法治精神贯穿到新政过程，实现新政的近代化。在陈宝箴的热心支持和谭嗣同、唐才常等维新志士的共同参与下，1898年春，保卫局在长沙正式开局，总局设在长沙市中心区，黄遵宪亲自担任总办。

戊戌政变后，几乎所有新政措施都被废止，保卫局却得以保留下来。黄遵宪督办的保卫局是湖南新政中最有成效、最有影响的举措之一，开启了近代警察制度的现代化过程，黄遵宪作为首创之人的功绩将永载史册。此外，他还积极参与其他新政，包括监狱制度、地方司法制度、新式水陆交通、湘粤铁路等社会各方面的建设，支持《湘学报》《湘报》的创办等。诚如梁启超所说的，湖南的一切新政措施，大都依赖黄遵宪一人之力。

湖南新政是晚清改革思潮付诸实践的一次非常重要的尝试，是陈宝箴、陈三立、江标、徐仁铸、梁启超、谭嗣同、熊希龄、唐才常、皮锡瑞等一大批维新志士共同努力的结果。而在湖南新政期间，黄遵宪的身影无疑是其中最重要、最亮丽的一道色彩。在众多参与新政的志士才俊中，黄遵宪是唯一一个对日本明治维新以及欧美社会有亲身体验和实地考察的人，特别是他对明治维新的深入理解研究，成为其设计湖南新政的灵感源泉和理论基石。黄遵宪的到来使得湖南新政发生了实质性的转向，明显染上了明治维新的色彩。虽然湖南新政最终被废止，然而其影响却深远得多，近代以来，原本的保守闭塞的湖南突然开风气之先，成为思想文化最活跃的地区之一，湖南新政就是其直接原因。也许正是这种风气的开通，才使得近代的湖南人才济济，在中国近现代所有大的历史事件中，几乎都能看到湖南人的身影。"惟楚有才，于斯为盛"，岳麓书院上的这副对联，或许只有透过近代历史观看时，才让人觉得是那么名副其实。

戊戌革职

在维新志士们的不懈努力下，湖南新政卓有成效，成为全国最具朝气的省份，受到各界人士的好评。在湖南新政中肩负重任的黄遵宪也达到了他一生中政治生涯的顶峰，他的才能被人赏识，多次被保荐。当时，正值清政府驻日本公使裕庚任期已满，且患有腿疾，多次电请派人继任。1898 年 8 月 10 日（六月二十三日），光绪皇帝任命黄遵宪为新任驻日本公使。具有传言称，光绪皇帝任命黄遵宪为驻日公使的目的在于提高其资格，作为在外的外交联络人员，预计驻日半年以后黄遵宪就可将外交事务理出头绪，那时候立刻把他调回京城，进入权利中枢，实施新政。传言或许不可信，然而任命黄遵宪的国书却是光绪皇帝亲自拟定的，这与一般由总理衙门代拟的国书确实意义不同，足以说明光绪皇帝是有自己特殊用意的。此时黄遵宪还在湖南，总理衙门按照光绪皇帝的旨意多次发出电令，让他在旧历的八月内赶赴日本接任。然而随着变法形势急转直下，光绪皇帝觉得必须迅速起用黄遵宪这样有实际变法经验的人才，于是打算直接召黄遵宪入军机处，改派熊希龄为出使日本大臣。光绪皇帝连发三道诏令给张之洞和陈宝箴，让他们催促黄遵宪马上来京。由此可见光绪皇帝起用黄遵宪的急切亲情，从另一个角度也反映了当时变法形势已经充满危机。

历史总是充满着偶然性。黄遵宪在长沙时因为饮用白沙井寒水染上感冒，接到电令后，他抱着病体离开长沙赶赴京师，一路上风尘仆仆，到上海时又染上了脾泄病，病情加重，危在旦夕，只好留在上海调养。黄遵宪心急如焚，恨不得马上能够赶到京师。然而，"塞翁失马，焉知非福"，让黄遵宪没有料到的是，正是这次患病让他躲过了杀身之祸。

当时，变法运动正处于千钧一发、命悬一线的危急时刻。维新派拥戴光绪皇帝推行变法，根本目的是为了救亡图存，但改革必然会涉及利益的重新分配，这严重触犯了新旧派的既得利益，加之改革措施过于激进，缺乏策略，新旧两派剑拔弩张、势同水火，慈禧太后和光绪皇帝之间的矛盾一触即发。1898年9月21日（八月初六），精于权术的慈禧太后训政，光绪皇帝的权力被架空，震惊朝野的"戊戌政变"爆发了，持续仅仅103

天的"百日维新"宣告终结。28日（八月十三日），清政府发布命令，严惩维新派。康有为、梁启超亡命海外；谭嗣同、康广仁、杨深秀、林旭、杨锐、刘光第"六君子"血染菜市口；张荫桓、李端棻被遣戍边疆；陈宝箴、陈三立父子被革职，"永不叙用"；徐致靖、徐仁铸父子遭革职下狱。所有支持、参与变法者无不惨遭横祸，黄遵宪的命运又如何呢？

戊戌政变发生时，黄遵宪正因病滞留在上海。1898年10月6日（八月二十一），清廷下旨，取消黄遵宪出使日本公使的差事。两天后，清廷又密电两江总督刘坤一将黄遵宪秘密看管。当时有传言说康有为隐藏在黄遵宪住处，刘坤一奉旨命令上海道才钧将其在上海北洋务局的住处团团围住，严加看管。黄遵宪处境顿时变得危机重重。

各国列强从各自在华利益的考虑出发，对中国的改革运动采取不同态度，其中日本与维新运动的关系尤为密切，戊戌变法正是一场以日本明治维新为蓝本的改革运动，因此日本方面对变法运动一直予以高度关注。1898年9月初，伊藤博文来华访问，并于9月20日（八月初五）觐见光绪皇帝，第二天就发生了政变，让伊藤博文感到非常震惊。尤其在政变后，慈禧太后对于维新派的反攻倒算，日本方面反应十分激烈。黄遵宪曾任清政府驻日本公使馆首任参赞，在日本政界和文坛均享有盛名，与伊藤博文等人也非常熟悉，加之他又刚刚被光绪皇帝任命为出使日本的钦差大臣，因而更为日本方面所关注。此时伊藤博文正在上海，当他得知黄遵宪被围困的消息后，立即命令日本驻上海代理领事诸井六郎给日本驻华公使林权助发电，请他进京交涉，想方设法解救黄遵宪。

在日本方面的交涉下，清廷迫于威慑，以查明康有为不在黄遵宪住处为由，将黄遵宪革职回原籍，这年的黄遵宪51岁，"知天命"之年的他从此被迫退出了政治舞台，而他的变法、民权的政治理想就再也没有机会去实现了。

维新成梦

戊戌政变后，所有新政几乎全部被废止，陈宝箴、黄遵宪等人苦心经营的湖南新政当然难逃厄运。戊戌变法之所以失败，原因是多方面的，是历史合力作用的结果。从深层次的原因来看，戊戌变法的失败有其根源性的思想因素。

近现代著名的历史学家陈寅恪先生是陈宝箴之孙，他对戊戌变法和由其祖父主持的湖南新政有过评论，陈先生提出当时的变法力量，从思想源流上看是分为两派的，认为陈宝箴的变法思想与郭嵩焘等人的变法思想一致，而康有为以公羊学说为其变法的理论，以附会孔子变法作为其手段，二者是截然不同的。这个论断非常具有启发性，对于分析变法思想的源流派别，理解变法运动的成败得失具有很大的积极意义。

大概说来，当时的变法思想有两个来源，其一是"托古改制"，以康有为及其门徒为代表，在行动上则多表现激进，缺乏策略；其二是"借镜外域"，以郭嵩焘、严复、黄遵宪等亲身考察过域外世界的知识群体为代表，在行动上则表现为循序渐进，着眼于中国的实际问题，注重方法策略。这主要是着眼于他们各自的变法特征而作出的区分，实际上，当时变法者的思想大多属于混合型，思想资源既有传统因素，又吸收了域外资源，只是由于个人的人生经历和学术取向的不同而表现各异。

康有为是戊戌变法运动的中心人物，他的变法思想经历了一个从"托古改制"到"仿洋改制"的发展过程。他在戊戌变法之前完成的《新学伪经考》（1891年）、《孔子改制考》（1896年）两部著作主要作用在于"破"，其思想根源则来自传统，尤其是公羊学的理论，通过"托古改制"为变法运动破除思想障碍；而他在戊戌变法期间完成的《俄彼得变政记》（1898年）、《日本变政考》（1898年）的主要作用在于"立"，其思想资源则取自欧美和日本，通过"仿洋改制"为变法运动提供具体的操作方案，全面仿效俄国彼得一世改革和日本的明治维新。在变法取向上，康有为主张"大变"、"全变"、"骤变"，主张效仿明治维新，在中国推行全面的、彻底的改革，表现出强烈的激进色彩。康有为的激进思想对于其门徒影响深刻，1897年，梁启超赴湖南任时务学堂中文总教习时，其抱定的方针就是急于改革、彻底改革。康有为将变法的希望寄托在一位没有实权的皇帝身上，充分暴露出其思想的幼稚，这也注定了变法运动不可能取得成功。

康有为

事实证明，康有为、梁启超与其说是改革家，不如说是言论家、演说家，他们的思想言论足以震惊四座、独树一帜，然而他们毕竟是书生，实践运作正是其最大短板，与惊世骇俗的高谈阔论形成了巨大反差。这也难怪湖南守旧派领袖王先谦批评维新派效法明治维新进行变法，指出其最大毛病在一个"空"字上。他说，日本的明治维新是从实业开始，而中国的变法求新则从高谈阔论入手，所追求的不过个人名利而已，言论充斥却没有实际事务去支撑维系，最终不过还是一场空，不会让社会发生任何变化。连维新派人物皮锡瑞也意识到梁启超在《时务报》上发表的变法言论只是口头空谈而已，他甚至断言康、梁等人一切效法日本的变法措施不会取得实际效果，皮锡瑞认为，中国的危机形势要求不得不变法改革，然而如果变法措施一切效法日本，那么这些措施又不可能发挥作用。这个批评确实击中了康梁一派的命脉，同时也指出了戊戌变法之所以失败的关键因素。

与康有为的改革倾向完全不同，陈宝箴、黄遵宪等人致力于推行"地方自治"，非常注重实际效果。他们在湖南新政中的大部分举措，如开矿设厂、修路造船、设立南学会、创办时务学堂、设立保卫局等，无一不是以促进"地方自治"为目的，希望以湖南的一省改革作为楷模，然后推向全国。改革实践和改革理论相辅相成，虽然缓慢但是改革进程非常稳定扎实，效果明显。就像陈寅恪先生所说的，祖父陈宝箴认为中国广阔，短时间内不可能做到全部改变，因而希望以湖南一省作为全国的楷模，至于全国范围的改革，则必须由中央政府来领导。而当时中央政府的实际权力掌握在慈禧太后手中，如果慈禧太后不想改革，依托没有实权的光绪皇帝强行变法，必然会引起母子之间的冲突，那么国内的变法大局就会不可收拾。这种思路显然与康有为的激进思路完全相反，正是所谓游历世界后希望借助西洋的经验来对中国旧制度进行改革的渐进主义策略。

"维新旧梦已成烟"，戊戌变法失败了，中国近代化进程因此遭受到了严重的挫折和延误，但是戊戌变法作为中国近代历史上惊心动魄的一幕有着其不可磨灭的历史意义。美国著名历史学家费正清先生指出："1898 年事变的主要意义在于，这是激进派自上而下进行变革的一场实验，它仿照了日本明治维新的模式，但以失败告终。慈禧太后政变之后的 10 年中尽管也进行了颇有节制的改革，但这恰恰表明任何真正的革命性变革都必然是自下而上地进行，甚至还须借助暴力手段。由此看来，按部就班进行改革则成功之日遥遥无期，相比之下，倒是剧烈的革命也许更有成功的可能。"历史已经证明，自 19 世纪初以来仁人志士为之奔走呼吁了整整一个世纪的"自改革"运动不过就是一场"君子梦"，一场历史的悲剧，戊戌变法成为了这场悲剧的最后一幕，从此以后，革命，而非改革，成为那个时代的必然选择。这既是历史的偶然，更是历史的必然逻辑。

第五章 忧疾晚岁
——风雨鸡鸣守一庐，两年未得故人书

风雨鸡鸣守一庐，两年未得故人书。

鸿离鱼网①惊相避，无信凭谁寄与渠。

——黄遵宪《人境庐诗草·己亥杂诗》

戊戌政变的发生宣告了昙花一般的百日维新彻底失败，标志着几代仁人志士们追求了整整一个世纪的"自改革"运动最终以悲剧形式收场。对于这样的结局，作为戊戌变法重要领袖人物的黄遵宪无可奈何，只能长歌当哭，借诗歌隐晦地予以抨击，对政变中惨遭迫害的友人寄予深切同情和怀念。维新之梦已经化作过眼云烟，未来的中国将何去何从？

---

① 鸿离鱼网：指得到的不是自己想要的。

风雨如晦，鸡鸣不已。戊戌政变后，遭到革职放归的黄遵宪被迫离开了政治舞台，回到了家乡的"人境庐"。在晚清政治变革和思想变化最为激烈的转折时期，黄遵宪却不得不远离政治中心，只能做一个旁观者。然而，作为一位忧国忧民的爱国主义者和忠实的改良派政治家，黄遵宪并没有停息自己的政治生命。他常常以"一息尚存，尚有生人应尽之义务"自勉。所谓旁观者清，身处政治旋涡之外的黄遵宪更能冷静、客观地觉察到国际国内政治形势的变化和思想运动中的本质问题。

1902年，黄遵宪通过汕头洋务局和香港商人的关系，与流亡日本的梁启超恢复了通信联系，为了解外部世界，他要求梁启超《新民丛报》一出版马上寄给他，嘱托梁启超代购日本版的新书，表现出了强烈的求知欲和政治热情。在与梁启超、严复等人的信函往来中，他论政论学，集中阐述了他的政治思想、学术思想和中西文化观。这不仅对梁启超产生了巨大影响，而且在20世纪初的中国思想界留下了独特的足迹。同时，尽管黄遵宪一生志在变法和民权，不屑以诗人自居，然而造化弄人，他最终还是没有能够实现其变法理想，却没想到以诗歌占据了那个时代的文学制高点，作为近代中国最具代表性的"新派诗人"，黄遵宪对于后来的新文化运动产生了难以估量的影响。在人生的晚年，黄遵宪怀着服务家乡的热情，致力于教育改革，为家乡文教事业的发展作出突出贡献。

革命风暴

　　19 世纪与 20 世纪之交，是中国的多事之秋。戊戌政变的血腥气味还没有散去，北方的山东、直隶地区就闹起了义和团运动，而且愈演愈烈。为了各自的在华利益，列强组成八国联军，再次发动对清帝国的战争，很快攻陷了天津和北京。机关算尽的慈禧太后本来想借义和团的"神拳"来抗击列强，不料聪明反被聪明误，最终还是搬起石头砸了自己的脚，八国联军的铁蹄践踏了京城，生灵涂炭，国家命悬一线。慈禧太后的权力可以发动戊戌政变，却没有能力抵抗八国联军，只好挟持光绪皇帝仓皇逃亡西北。东南地区的实力派人物刘坤一、张之洞、盛宣怀等接到了清政府发布的"宣战上谕"，却拒绝执行帝国命令。种种迹象都表明，清政府的政权已经到了全面崩溃的边缘。两广地区、江汉流域，反抗力量正在悄悄积聚。小规模的起义虽然很快就被弹压下去，却像阵阵春雷，预示着晚清政局的新动向。亡命海外的康有为、梁启超组织力量以"保皇"为宗旨，希望能够东山再起。萌芽于广东的一支力量经过孙中山等人的多年培植，甲午战争后在海外得以迅速壮大，跃跃欲试。随着国内外局势的风起云涌，各派系力量不断在中华大地上重新洗牌，一场前所未有的混乱局面即将到来。

义和团的烽火虽然没有波及岭南，但对黄遵宪的思想仍然产生了巨大冲击。他过去的朋友吴德潇、袁昶、唐才常等人都在混乱中不幸殒命。世事更迭，物是人非，迷惘和感慨之余，黄遵宪有心无力，只能将内心的复杂情感诉诸笔端。对黄遵宪更大的刺激，是庚子之后跌宕起伏的排满浪潮。八国联军侵华战争结束后，清政府被迫与列强签订了《辛丑条约》，满洲王朝"量中华之物力，结与国之欢心"的卖国嘴脸，彻底暴露在天下人面前。为了苟延残喘，掩人耳目，慈禧太后在挟持光绪皇帝逃往西安期间便发布"新政改革"的谕旨，要求官员们就国内政事提出改革对策，限期奏报。但为时已晚，"排满"之声一经响起，一发不可收拾。世纪之交的中国又到了一个重要转折点，正如梁启超所描述的那样，中国数千年的历史中，从没有像今天这样受到如此大的侮辱。中国大地上各种势力此起彼伏，汉满之间的矛盾终于变得不可调和。短兵相接中，新旧更替成为历史的必然。

　　黄遵宪此时虽闲居在家乡，却时刻关注时局的变化。他一方面感慨唐才常领导的自立军"成败非所论，此志良可伤"，另一方面则对孙中山、毕永年等人领导的反清活动予以一定程度的批评，因为黄遵宪认为，革命必将导致瓜分之局。后来的历史事实证明，这种预见是相当准确的，北洋军阀的割据给中国带来了十数年的混乱，这是非常值得今人深思。然而，一旦革命的洪波涌起，势不可挡的趋势之下，昔日的维新派开始出现了分化，或转向革命，或者固守改良，或消逝沉沦。作为维新派领军人物黄遵宪究竟会经历怎样的命运呢？

山雨欲来的局势下，独守一庐的黄遵宪最惦念的就是亡命海外的梁启超。黄遵宪与梁启超亦师亦友的情谊开始于1896年春天创办的《时务报》时期。黄遵宪比梁启超年长25岁，但对这位才华横溢的青年才俊却极为器重，称之为"博识通才，并世无两"。1896年冬，黄遵宪一度被任命为出使德国大臣，于是奏请梁启超随行，只是后来因为德国拒绝接受而未能成行，由此可见两人关系非同一般。1897年7月，黄遵宪被委任为湖南长宝盐法道，途经上海，与汪康年、梁启超商议《时务报》事宜。当时，梁启超正与汪康年发生矛盾，经与陈宝箴、陈三立等人的商议，黄遵宪力主聘请梁启超为时务学堂中文总教习。同年11月，梁启超赴湖南，两人再度聚首。可惜好景不长，1898年初，梁启超因病赴上海就医，两人再也没有机会相见。黄遵宪和梁启超两人在上海、湖南共事的时间前后加起来还不足10个月，然而两人思想的契合和感情的深厚，实属罕见。

变法失败后，梁启超被迫亡命海外，这是其一生中思想变化十分剧烈的时期。逃到日本不久，梁启超就在华商的资助下，于1898年12月23日在横滨创办了《清议报》，继续借报纸发表政论，输入思想，鼓动舆论。在此后的几年间，梁启超刻苦学习日文，如饥似渴地研读日本翻译的有关西学的各种著作，眼界大开，见识猛增，思想发生了剧烈的变化，而《清议报》成为介绍、传播西方资产阶级思想学说的重要阵地，也成为体现梁启超本人思想变化的晴雨表。与此同时，由于对清廷所谓的"新政"深感失望，在革命派的影响下，梁启超的政治主张也发生了转变，而且在行动上一度表现得相当激进。到达日本不久，经日本友人宫崎寅藏、平山周的穿针引线，梁启超便开始与孙中山、陈少白等革命党人来往，就联合反清的问题进行会谈。然而最初几年，由于思想变化太过激烈，以至于缺乏连贯性，在改革与革命问题上摇摆不定，加之人际关系的复杂，导致自己在保皇派和革命派之间犹豫不决，反复无常，招来极大非议，梁启超在流亡海外最初几年就是这样度过的。

1902 年 2 月 8 日，梁启超在横滨创办了《新民丛报》，这标志着他的思想发展跃入了一个新的阶段。在创刊词中，梁启超明确提出了"欲维新吾国，当先维新吾民"的宗旨，大力鼓吹破坏主义，礼赞法国大革命式的"有血之破坏"，提倡"革命排满共和"。由此可见，这个时期梁启超的思想经受了西学的洗礼，沾染了革命派的影响，急于摆脱康有为的牢笼，其思想正处于激荡起伏、摇摆不定之中。这就是在他与黄遵宪恢复联系之前的矛盾处境。

1902 年春，黄遵宪通过汕头洋务局及香港商人的关系，终于与梁启超恢复了联系。其时正值中国社会处在激烈的变动之中，时代思潮正在发生深刻转向，随着排满浪潮的高涨，改革与革命的纷争，君主立宪与民主共和的对峙，成为了20世纪最初十年间中国社会变化的主题。1902年春至1905年春的三年中间，黄遵宪与梁启超频频通信，在长达十数万字的信件中，他们所讨论的中心话题，正是在这以后的数年中中国社会发生复杂变化的预言。

黄遵宪自戊戌政变后一直闲居乡里，远离了国家的政治中心，但他一直在关注着中国社会思潮的变化。我们可以从他和梁启超之间的通信中看出，尽管这期间革命风潮已经席卷了海内外，然而黄遵宪却依然坚定不移地固守着他的君主立宪思想，正是"奉主权以开民智，分官权以保民生"，虽然对于当时纷繁热闹的革命主张并不以为然，对于梁启超浸染了革命风潮而日益激进也表达了他的忧虑，在将近代世界收入心中之后，体现出一个近代知识分子可贵的理性与克制。

1903年2月20日，梁启超应邀离开日本赶赴美洲大陆。这次北美之行，使得梁启超的思想再度发生了激烈变化。前文曾经提到，黄遵宪驻旧金山总领事期间，曾经目睹了那个时期中美国民主制度所存在的各种问题，华侨生存之艰难，对曾经的民主共和理想不禁怅然若失。20多年后，历史已经进入了20世纪，同样怀着民主共和理想的梁启超也踏上了这块土地，却发现华人社会的情况与20年相比并没有实质性改善，依然"民智未开"，进而开始强烈批判中国国民素质的落后，进而主张开明专制。

这就是梁启超最后的结论。作为中国近代以来最知名的思想家之一，其反复变化的政治主张正表现了其思想发展的内在状态，同时也折射出中国近代社会的矛盾状况。为了肩负起中国救亡图存、自强求福的历史责任，近代中国的探路者们一直在欧风美雨的洗礼中艰难前行。但作为两代知识分子追梦的代表性人物，相隔20多年却有如此相似的经历，历史与中国的近代化进程开了何其沉重的玩笑！

然而，时局的变化总是出人意料。1904年，日俄战争爆发，日本和沙俄为了争夺在中国的利益，在中国东北进行了一场为时近一年的战争，而腐朽的清政府竟然宣布中立，这一做法又一次让中国知识界一片哗然，在政治失意、病痛折磨和日益衰老中的黄遵宪痛苦、迷茫而又无可奈何。1905年2月21日，黄遵宪致信梁启超，希望他能够延续自己渐进式的改革思想，注意改革策略，采取权变之计。这是黄遵宪对于梁启超的最后一次政治教导，也成为梁启超在以后政治生活中的行动方针和策略。

思想启蒙

在晚清的思想文化界，黄遵宪并不以学术而闻名。黄遵宪一生坚持经世致用，志在政治改革，加上多年的外交经历，使他对于中西方文化的评判和认识都有独特的视角和取向。黄遵宪是用启蒙思想家和政治改革家的双重身份来看待中西之学的，并非为了学问而学问，而是为了实践而学问。这种特殊性可以从他四个主张中看出来。

一是批判文化专制主义。黄遵宪有多年的海外生活、工作经历，对于西方文化的认识比当时国内的士大夫们要深刻得多，因此他对中国传统文化的评价，经常以西方文化作为参照，显示出了独特的视角和价值。黄遵宪从中国传统文化的发展演变的角度对于文化专制主义进行批判。他认为从上古时代周公"制礼作乐"开始确立的严格等级制度是中国专制主义的罪魁祸首。到汉代董仲舒"罢黜百家，独尊儒术"是这种文化专制主义的延续。到了明清以来，君主专制达到了历史的顶峰。由于明末政治的极度黑暗，李贽、顾炎武、黄宗羲、王夫之等人都对专制制度进行了强烈的批判。黄遵宪对于这些人的关注，恰恰表明了他十分重视反专制的传统，这与他批判文化专制主义的立场是一致的。清朝政权建立以后，大兴"文字狱"，严重禁锢了思想自由。黄遵宪认为这是近代中国落后于西方的重要原因之一，因此他对文化专制主义进行了猛烈而深刻的批判。

二是尊崇"孔学"，反对"保教"，缓行"国粹"。在中国近代史上，对待孔子学说的态度成为重要的思想分水岭。黄遵宪非常尊崇孔学，但却坚决反对"保教"。黄遵宪认为，孔教并非宗教，而是"人道"，只要人类不灭亡，孔子思想就有生存发展的空间。他还指出，欧美各国政教分离，可以借助宗教力量弥补政治的不足，中国一直以来采取的是政教合一的制度，因而政治统治之外并没有真正的宗教。因此，他主张中国应该学习西方的政治和学问，以弥补中国这方面的不足，但并不一定非要打着复兴"孔教"的旗号去争一时之快。此外，黄遵宪也认为，孔子是做人的极致，是"师表"，却不是"教主"，孔子从来没有强迫他人遵从他的学说，并没有建立起一套唯我独尊的教义来约束教徒。这个认识水平在今天看来，都是相当客观和深刻，甚至比当下有些学者的认识还要理性得多。梁启超在戊戌变法之后之所以因为"保教问题"与他的老师康有为分道扬镳，黄遵宪的主张和劝说是其中的重要因素。

三是坚持"西学中源"说。从最早来华的传教士提倡"中学西源说"到中国士大夫提出反其道而行之的"西学中源说"，虽然立论截然不同，然而却都属于近代中西文化传统激烈交锋的产物。鸦片战争以后，士大夫对于西方的坚船利炮、民主制度、思想文化逐渐开始有了深入认识，根据自身文化惯性形成的"西学中源"说也开始见诸笔端。需要特别指出的是，尽管黄遵宪坚持的"西学中源说"对于他进一步认识西方思想文化有阻碍，然而这并不说明他在文化上采取故步自封、以自我为中心的态度，相反，他这样做正是希望能够更好地容纳西学。在这一点上，黄遵宪对中国文化传统和心理状态看得非常透彻。他的良苦用心在于希望"西学中源说"能够打破中国人"非我族类，其心必异"的心理误区，为容纳西学、学习西方扫清障碍。

四是主张"大开门户，容纳新学"。黄遵宪认为，"大开门户，容纳新学"是创造出适应时代发展的新文化的必由之路。早在任驻日使馆参赞时，他就对日本明治维新的"文明开化"政策作了深入的考察，并由此认为译书是输入西学的桥梁，因而对于翻译工作非常重视。这点从他高度评价严复的翻译工作就可以看出。1898年，严复将《天演论》赠送给黄遵宪，黄遵宪对其爱不释手，并由此书得以研究进化论。在给严复的信中，黄遵宪称赞严复是"通西学之第一流"人物。他希望严复以"学界中第一流人物"的身份和影响力，振臂一呼，促进西学在中国的传播，推动中国文化的转型。

从以上主张我们可以看出，黄遵宪作为一个具有世界眼光的近代中国知识分子，他对于西学和中学认识的深刻、对于中国传统态度的客观、对于中国文化发展的期望和规划，都表现出了极高的水平和预见性，这在中国近代史上堪称罕见。黄遵宪的经历和主张给今天的我们提供了一个认识自我的经典角度。

服务桑梓

戊戌政变后，黄遵宪被迫离开政坛，但也更深刻地认识到了政治制度改革、民族国家的独立必须从改造国民做起、从教育做起，"教育救国"成为他的最终选择。在人生的晚年，他致力于兴办教育，为家乡教育事业的发展作出了重要的贡献。

黄遵宪在驻外期间，曾经对日本、美国、德国等国家的文化、教育制度进行了细致的考察和研究，认识到普及义务教育对于推进国家的近代化进程具有决定性作用。他在《敬告同乡诸君子》一文中指出，这种"普及教育"，又叫"义务教育"、"强迫教育"，在德国、日本等国家全面实施，这正是德国、日本能够由弱变强的秘诀所在，也是两国能在普法战争和日俄战争中分别战胜法国和俄国的关键。因此，他主张借鉴德、日的办学模式，实行义务教育。黄遵宪的主张从国民教育的长远目标出发，通过普及教育、传播新思想，开启民智，从根本上改造中国国民，真正实现中国的独立和富强。

黄遵宪的教育思想是从批判洋务派办学思想出发的。鸦片战争后，列强不断加快侵略扩张的步伐，民族危机日益加深，在这种背景下，洋务派为"自强"、"求富"，从19世纪60年代开始兴办了一批新式学校，包括同文馆、方言馆等外语学校，

黄遵宪画像，清·杨鹏秋绘

路矿学堂、电报学堂等技术学校，水师学堂、船政学堂、武备学堂等军事学校，中国近代教育在欧风美雨的洗礼中艰难起步。然而，近代教育从一开始就是因局势所迫仓促为之，并没有什么长久规划，它的首要目的是通过兴办新式技术学校培养洋务运动中急需的各类专门人才，严重忽视了国民基础教育和国民现代素质的培养，急功近利，对于国家教育的长远发展甚至产生了阻碍。黄遵宪通过将洋务派办学方式与日本明治维新"文明开化"运动以及欧美近代教育的发展进行比较，对于洋务派运动的办学模式进行了详细分析和批判，并由此提出了自己的教育发展主张。

黄遵宪的教育思想以日本明治维新和欧美近代教育制度为参照，具有自己鲜明的特色。第一，重视国民基础教育，强调基础义务教育在国家教育体系中的重要作用，主张普及义务教育重在小学和普通学，提高全体国民的德智体等各方面的素质。第二，强调师范教育在普及义务教育体系中的优先地位。教师是教育的主角，广泛普及义务教育的一个前提条件就是具备一支合格的教师队伍。第三，倡导教学内容的改革，重视教科书的编写。主张教科书在内容上必须中西兼容、古今并包，将各个门类的知识融会贯通。

在黄遵宪的积极倡导和亲自主持下，1904年，东山师范学堂正式成立，这是嘉应州兴办的第一所师范学校，也是我国最早的民办师范学校之一，为本地师范教育的发展奠定了基础。

梁启超也在黄遵宪的影响下撰写了《国史稿》《中国之武士道》《中国国债考》等早期的中小学教科书。总之，以义务教育为途径，以国民基础教育为目标，是黄遵宪教育思想的最大特色，在中国近代乃至现代教育史上都应该受到高度的重视。

诗界革命

黄遵宪是一位出色的外交活动家、一位出色的政治改革家、一位出色的思想家，同时，他也是一位出色的诗人。在晚清诗坛上，黄遵宪被誉为"近世诗界三杰"之首（另外两人是夏曾佑和蒋智由），长期以来被尊为"诗界革命"的旗帜。他的诗歌创作具有鲜明的特色，他追求"诗之外有事，诗之中有人"的崭新意境，一生创作数量众多，题材广泛，风格独特，在中国近代文学史上占据着显赫的地位。

从其创作的精华来看，可以分为两大类：一类是"新世界诗"，展现了多姿多彩的世界图景；另一类是"诗史之诗"，描绘了波澜壮阔的中国近代历史。

新世界诗

黄遵宪是近代中国走向世界的代表性人物，他先后出使日本、美国、英国、新加坡，长期奔波在亚洲、美洲和欧洲之间，这使他有机会领略到世界的自然风光、风土人情，接触到东西方社会的思想文化和社会制度。黄遵宪将其在世界各地的所见所闻和所感所想一一写进了诗歌之中，创作了大量的"新世界诗"。有人评价说这类诗作"突破了前人范围，一新诗界面目"，开拓了中国古典诗歌前所未有的广阔领域。

黄遵宪本人的编订的《日本杂事诗》和《人境庐诗草》，共收录诗歌840多首，其中"新世界诗"占到半数以上。《日本杂事诗》200首全部是关于日本的历史文化、风土人情和社会变迁的诗作；《人境庐诗草》描述域外世界的诗作也有240多首，其中有日本卷、美国卷、欧洲卷和新加坡卷，与作者自身的外交生涯是完全吻合的。

黄遵宪的"新世界诗"，将具有异国特色的新景物、新意境、新思想融汇起来，充满着异域风情和时代气息，在当时复古主义占据主流的背景下，别开生面、自成一家，开创了近代以来中国诗歌创作在中西文化交流中的新格局。其中，新景物来自黄遵宪在国外的亲眼所见，这是那些未曾跨出国门的传统士大夫们所无法想象的；新意境来自对于海外生活的新体验，通过对于异国他乡景物的描绘，开拓出与传统迥异的诗歌意境；新思想来自洞察世界大势的敏锐眼光，通过亲身经历，黄遵宪得以摆脱传统的民族观念，形成了近代意义上的世界观念和开放意识，这在晚清诗坛中独树一帜。

诗史之诗

黄遵宪的一生，经历了第二次鸦片战争、中法战争、甲午战争、八国联军侵华战争等外敌入侵事件，也经历了太平天国农民战争、捻军起义、义和团运动等内部斗争，还亲自参与了救亡图存的戊戌变法运动。作为晚清杰出的新派诗人，黄遵宪的诗歌真实而且系统地记录了中国近代史上发生的许多重大事件，突出反映了近代中国社会的严重危机和矛盾。据统计，他的诗歌中，写时事或与时事有关的多达500余首，被誉为一代"诗史"。康有为评价说，黄遵宪的诗歌"上感国变，中伤种族，下哀生民"，加上周游世界的经历，跌宕起伏，情深意远，这确实是准确评价。

（一）上感国变

黄遵宪的诗歌中最有价值的是他描写时代风云的篇章，鸦片战争、中法战争、甲午战争、八国联军侵华战争和太平天国农民战争、戊戌变法运动，以及近代历史上的很多重要事件，在他的诗歌中都有反映。这些诗歌抒发了诗人对于国势衰微、祖国惨遭列强侵略的感叹，对于列强发动侵略战争的野蛮行径的强烈愤慨，也歌颂了中国人民反抗外国侵略的英勇无畏的精神，洋溢着爱国主义的光辉。

1884年爆发了中法战争，黄遵宪以史传的笔法创作了七言古诗名片《冯将军歌》，刻画了一位老当益壮、身先士卒、抵抗侵略的爱国将领冯子材的光辉形象。在诗中，黄遵宪模仿司马迁在《史记·魏公子列传》中叠用"公子"一词的写法，全诗16次叠用"将军"一词，刻画人物，虎虎生风，把冯子材将军率部奋勇杀敌、气吞山河的英雄气概刻画得淋漓尽致，把战场上的刀光剑影描绘得栩栩如生，歌颂了一代名将惊天地泣鬼神的英雄壮举。

1894年的中日甲午战争是中国近代史上的重大转折性事件之一，黄遵宪以满腔热写下了一系列感人肺腑的爱国诗歌，全面真实地记录了这场战争的全过程。从平壤战败、旅顺陷落、大东沟和威海卫海战战败、北洋水师全军覆没，到清政府投降，签订丧权辱国的《马关条约》、割让台湾，所有这些都被写入诗歌之中。这些诗歌热情讴歌了爱国将士奋勇抗敌的英雄气概，猛烈抨击了日本侵略者的滔天罪行，辛辣痛斥清政府的腐败无能，鲜明地体现了诗人忧国忧民的情怀，洋溢着高昂的爱国主义情怀，堪称一部悲壮的"诗史"。在《台湾行》中，诗人大声疾呼国人团结起来，誓死反抗外国的侵略，"人人效死誓抗拒，万众一心谁敢侮"，全诗慷慨激昂，充满了一个爱国主义诗人的思想感情，标志着黄遵宪的诗歌创作达到了一个全新的高度，也奠定了他在中国近代文学中的崇高地位，使他成为19世纪下半叶最杰出的爱国主义诗人之一。

黄遵宪故居"人境庐"

（二）中伤种族

黄遵宪曾经游历亚、欧、美十余年，足迹遍及当时世界最强大的几个国家，这种经历使他对世界发展大势和国家民族之间弱肉强食、优胜劣汰的竞争有深刻的体验，因而也能够用一种新的世界眼光来思考国家和民族的命运问题。在诗歌领域，黄遵宪创作了一系列涉及中外关系、种族竞争等重大历史事件的诗篇，突出地反映了近代中国社会的主要矛盾，表现出先进的思想意识和强烈的爱国情怀。

黄遵宪的诗歌创作涉及华侨的生存、留学生事件、中俄关系、中日关系等当时的热点事件，并且在诗歌中提出了自己的独特思考和见解，今天读来仍然掷地有声、令人感慨万千。1872 年，清政府向美国派遣了第一批海外留学生，这是近代中国走向世界的第一步，此后三年又连续派出三批，这是中国最早的海外留学生。这四批幼童赴美入学后，成绩优良，品行端正，深得美国社会人士的赞许。但陈兰杉等驻美官员与留学生多次发生冲突，于是以留学生荒废学业、沾染恶习为借口，建议总理衙门将留学生撤回。结果，1881 年总理衙门决定将出洋留学生全部调回。这件事的发生是近代中国走向世界的一大挫折。黄遵宪对此深感震惊，写下了《罢美国留学生赋》一诗，表达了自己对于此事的不满。他对中国官吏的世俗浅薄、意气用事作了极其严厉的批评，为留学生被撤回一事感到极度悲伤，这已经表现出黄遵宪的思想见识远超时代。

（三）下哀生民

近代中国社会矛盾重重，人民生活在水深火热之中，尤其是多次战败后的巨额赔款，使得清朝末期赋税沉重，民不聊生。关心百姓生活，反映百姓疾苦也成为黄遵宪诗歌的重要主题。例如记录1876年（光绪二年）的福州水灾、反映北方地区农民生活的艰难和官民矛盾等题材。从数量上看，这类诗歌数量并不是很多，但仍然能够看出诗人对于人民苦难的同情。

黄遵宪的诗歌理论和诗歌创作顺应了中国近代文学的发展潮流，以鲜明时代性、世界性、多样性和过渡性，成为中国文学从古典时代向近现代转型的关键人物，在中国近代文学史上占有极其重要的地位。

后记
"黄氏以忧国死，今后书生尚有以忧国而死乎"

戊戌政变之后，黄遵宪被革职回乡，他怀着满腔的悲愤，回到了粤东的嘉应州，"人境庐"已经修葺一新，黄遵宪在这里度过了生命的最后岁月。

"人境庐"坐落在嘉应州城东，不远处就是奔流不息的梅江。这座精巧别致的建筑，是黄遵宪在 1884 年从美国回来后亲自设计建造的，虽然占地不大，但布局得当，错落有致，别有洞天。黄遵宪以"人境庐"命名其家园，显然取自东晋大诗人陶渊明"结庐在人境，而无车马喧"的名句。在经历了前半生的风风雨雨、起起伏伏之后，黄遵宪可能感觉到了疲倦，他希望能在家乡过虽然寂寞但平静如初的生活。

然而，这种选择又蕴含了诗人内心太多的无奈和酸楚。黄遵宪一直以"先知先觉者"自命，希望通过"变法"、"民权"实现国家的现代化，怎么可能真的放下一切隐居乡间，不问世事呢？在那个风雨如晦的世纪之交，偏居一隅的黄遵宪在韬光养晦、等待时机，希望有一天能够重新走入政坛，实现自己的政治理想。因此他在与梁启超回复书信联系之后，思想的洪流滚滚而来，对于当时的言论界翘楚梁启超产生了深刻影响。然而，时局变化，世事无常，黄遵宪希望为国家鞠躬尽瘁却生不逢时，只能在国事的忧愤和病痛的折磨中走完了人生的最后一段旅程。

现在看来，黄遵宪晚年的人生态度是乐观和超脱的，他曾经在信中向梁启超谈及他的病情和生死观，并以孔子"君子息焉，死而后已"自勉，认为活着的人要为国家尽自己最后的力量，做有益于民众之事，否则即使活着，也是行尸走肉，与死人无异。（原文为："然一息尚存，尚有生人应尽之义务，于此而不能自尽其责，无益于群，则顽然七尺，虽躯壳尚存，亦无异于死人。"）但从1904年开始，黄遵宪的病情逐渐恶化，他可能也意识到自己将不久于人世，他怀着无限忧愁对五弟黄遵楷倾诉，认为自己平生志向，一事无成，只有诗歌创作算是小有所成，然而于时事却毫无用处，自己已经绝望了。无限感慨，无限悲愤，无限苍凉，又有谁能够感觉得到呢？

1905年3月28日（光绪三十一年二月二十三），黄遵宪因肺病在家中溘然长逝，享年五十八岁。一代志士，既归道山，噩耗传出，天地同悲。海内外各界人士纷纷作挽诗、挽联，寄托哀思，这也能看出黄遵宪在国人心中的重要地位。

丘逢甲与黄遵宪并称晚清岭南诗坛双子星，两人交往密切、关系莫逆。他写下这副挽联：

论文章经济，均足千秋，从今凭吊孤城，落日登楼，岂第骑箕哀铁汉。

合公义私情，来申一恸，剩我眷怀祖国，春风酾酒，更同钩党哭林宗。

湖南新政，是黄遵宪一生政治生涯的巅峰时期。狄葆贤在诗中追述了黄遵宪对新政的巨大贡献，表示其哀悼：

竟作人间不用身，尺书重展泪沾巾。

政坛法界俱沉寂，岂仅词场少一人。

奇才天遣此沉沦，湘水愁予咽旧声。

莫问伤心南学会，风吹雨打更何人？

蒋智由被梁启超推为"近世诗界三杰"之一，与黄遵宪和夏曾佑并列。实际上他并没有见过黄遵宪，但对于黄遵宪的志向怀抱非常佩服，对于其人生的遭际也深表同情，作有《挽黄公度京卿》，表达哀悼惋惜之情。梁启超为黄遵宪撰写了墓志铭，深情回忆了他们之间的思想情谊，对于黄遵宪的怀才不遇、报国无门的悲剧性一生表达了深切的同情和悲愤。

黄遵宪一生之所以蕴含着如此深刻的悲剧性含义，大致有两方面原因。第一，黄遵宪身上有豪迈不羁、高傲自负的诗人气质，这注定与官场的蝇营狗苟、勾心斗角格格不入，注定了他在官场中必定会被排挤和倾轧。第二，黄遵宪的怀才不遇又有深刻的社会历史根源，在官僚体制为主导的社会体系中，"学而优则仕"是最基本的价值取向，通过科举考试求取功名成为青年士子们的共同目标。在这样的体系中，绝大多数利禄之徒都被驯化，成为官僚体制的附庸和帮凶，而那些个性鲜明、人格高标的知识分子注定会成为官僚体制的牺牲品。晚清以来，从龚自珍、王韬、郑观应到黄遵宪、严复，他们在推动中国走出中世纪、走向近代化、走向世界的历史进程中都发挥了不可替代的作用，然而，无一例外，他们都是晚清官场的中的失意人，这种现象并非偶然。

一切都已经成为过去，只留给后人常常的叹息。作为中国近现代历史转关时期的风云人物，"旧曲新声"中，黄遵宪的一生与时代变幻、国家荣辱、民族命运紧紧地联系在了一起。一代志士仁人的脚步已经停止，定格在了那个特殊的历史时期，然而他的不朽精神，将随时代传承，泽被后世。最后，我们引用傅斯年先生在《〈跋人境庐诗草〉》中的一句话结束全书：

呜呼！黄氏以忧国死，吾不知今后书生尚有以忧国而死乎？

黄遵宪年谱

1848 年　出生

4 月 27 日，黄遵宪在嘉应州城东攀桂坊出生，父亲黄鸿藻，母亲吴氏。黄鸿藻一生官位不高，勤于政务，抱负不凡。

1851 年　4 岁

黄遵宪入私塾。他生长在一个官宦之家，从小被家族寄予厚望，开始接受严格的私塾教育。

1857 年　10 岁

黄遵宪开始练习写诗。

1865 年　18 岁

冬天，太平军攻克嘉应州城。

11 月，黄遵宪娶同乡叶氏为妻。然而由于兵荒马乱，黄遵宪被迫与家人避难，接着又逃往潮州。

1866 年　19 岁

2 月，左宗棠率军收复了嘉应州，历尽磨难的黄遵宪一家大小回到故乡。

1873 年　26 岁

黄遵宪考取了拔贡生。

1874 年　27 岁

春，黄遵宪启程去北京，参加顺天（清朝沿用明朝旧制，以北京为顺天府）乡试。在北京，黄遵宪交了一些朋友，还结识了一些官场上的人物，这对他以后的政治生活产生了一定的影响。

1876 年　29 岁

黄遵宪随父亲漫游山东烟台，见到了洋务派官僚张荫桓、李鸿章等人。李鸿章当着别人的面称道黄遵宪为"霸才"。后，参加顺天考试，被录取为第 141 名举人，并以五品衔挑选知县用。

1877 年　30 岁

1 月，清政府任命何如璋、张斯桂为首届出使日本钦差大臣。

因为何如璋与黄遵宪的父亲素有交情，对黄遵宪的才能十分赏识，因而奏请以黄遵宪充任公使参赞，随使日本。黄遵宪不顾家人和亲友的反对，毅然放弃科举仕途，选择到日本。

11 月 26 日傍晚，黄遵宪一行在神户登陆，开始了在日本长达五年的外交活动，他曾被日本历史学界称为中国"最有风度、最有教养的外交家"。在日本期间，黄遵宪清楚地看到，日益强盛起来的日本正把侵略矛头指向中国和朝鲜。

1880 年　33 岁

黄遵宪通过对朝鲜信使金宏集的忠告，阐明了他的东北亚地缘政治主张。驻日期间，黄遵宪深入了解日本国情，搜集资料，撰写近代中国人编撰的第一部日本通志——《日本国志》（1887年成书）。

1882 年　35 岁

黄遵宪调任驻美国旧金山总领事，开始了其外交生涯的第二站。在自己职权范围内，黄遵宪尽力保护在美华工的权益。

1883 年　36 岁

年初，母亲病故，黄遵宪因国事繁剧，不能回家奔丧，成为了终生的遗憾。

1885 年　38 岁

8 月，黄遵宪从美国回国，又重新对《日本国志》进行编写，直到 1887 年（光绪十三年）的夏天，这部书终于完成。

1890 年　43 岁

2 月，随同薛福成乘船到达英国伦敦。在英国期间，黄遵宪接触了英国政界上层人物，仔细考察了英国君主立宪的政治制度。黄遵宪此时已是一个成熟老练的外交家了。

1891 年　44 岁

秋，黄遵宪到新加坡任总领事，从事改善侨胞待遇、保护侨胞财产的工作，发展华侨教育，取得一定成效。

1894 年　47 岁

中日甲午战争爆发。年底，黄遵宪结束了十几年的外交生涯，回到国内，任江宁洋务局总办。

1895 年　48 岁

参与上海强学会，黄遵宪与梁启超、谭嗣同等人创办《时务报》。

1896 年　49 岁

9 月，光绪皇帝在北京召见了黄遵宪。光绪帝决定要重用黄遵宪。

1897 年　50 岁

夏，黄遵宪被任命湖南长宝盐法道，负责管理一省食盐的生产和运销，同时兼管一路的钱谷和刑名。黄遵宪上任后，积极协助陈宝箴进行政治、经济、文化、教育各方面的改革。

1898 年　51 岁

6 月 11 日，光绪帝颁布《定国是诏》，"百日维新"正式开始。由于身体原因，黄遵宪并未能到北京任职，成为维新派领导人中少数幸存者之一。

1899 ～ 1905 年　52 ～ 58 岁

黄遵宪回乡后仍热心推进立宪、改革、教育等工作，并潜心新体诗创作，被誉为"诗界革命巨子"。

1905 年　58 岁

3 月 28 日，黄遵宪因肺病逝于家乡。